バイデンを操《あやつ》る者たちがアメリカ帝国を崩壊させる

古村治彦
Furumura Haruhiko

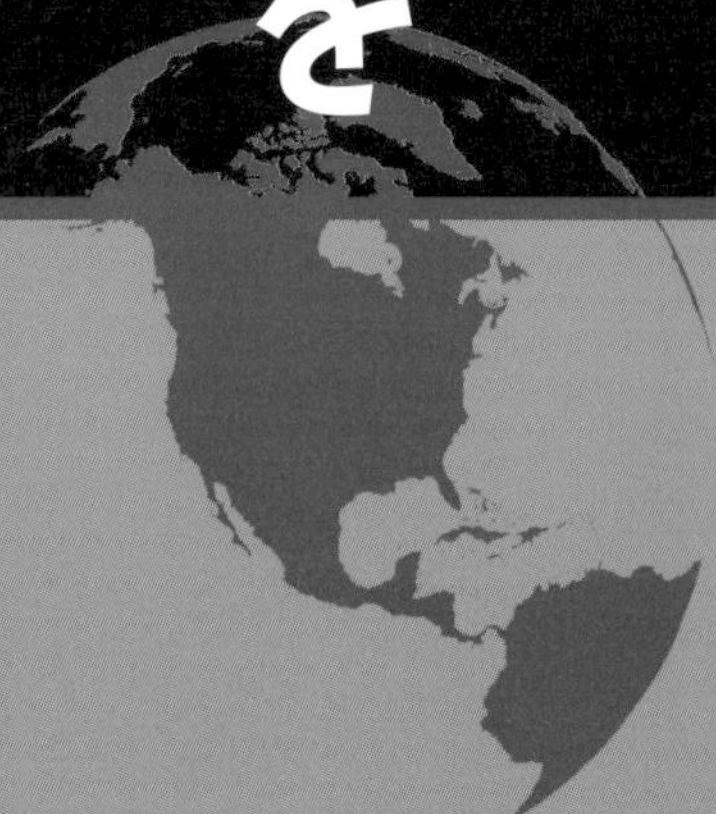

徳間書店

推薦の言葉

本書『バイデンを操《あやつ》る者たちがアメリカ帝国を崩壊させる』は、私の弟子である古村治《ふるむらはる》彦《ひこ》君にとって4冊目の単著となる。

古村君の前著『悪魔のサイバー戦争をバイデン政権が始める』（秀和システム、2021年6月刊）は、アメリカ政治研究の専門家たちから高い評価をいただいた。それで、本書がその続編として書かれた。前著を読んだ編集者から執筆の話をいただいたと聞いた。大変ありがたいことだ。

前著『悪魔のサイバー戦争をバイデン政権が始める』では、古村君は、アメリカのバイデン政権を作っている、ディープステイト（超《ちょう》財界人と米軍需産業）側の政府高官たちが、中国・ロシアとの対決、戦争をどのように仕組んで、どのような計画で実行しているかを、正確にはっきりと説明した。なんと、この本が出てから8カ月後に、実際にウクライナ戦争が始まった（2022年2月24日）。これは真に驚くべきことだ。

アメリカの国防政策と外交政策を実際に操《あやつ》っている、ウエストエグゼク・アドヴァイザーズ社とその創設者のミッシェル・フロノイ元米国防次官《もとアンダーセクレタリー》のことを、詳しく紹介していた。これは日本初《はつ》のことで、国際関係論（インターナショナル・リレイションズ）の研究者である古村君の学問業績である。本書に続いてお読みください。

本書では、古村君は、引き続き、アメリカ国際政治の悪の司令塔であるウエストエグゼク社と、米国防総省《ペンタゴン》の密接な結びつきを丹念に追っている。ウエストエグゼク社が、米国防総省と、民間のハイテク企業群のグーグル、フェイスブック（現在はメタ）などのビッグテック（Big Tech　巨大ＩＴ企業）を結び付けて、アメリカの軍事部門の先端技術《ハイテク》と武器開発の優位を保っている様子を、精確《せいかく》に描いている。古村君はこのことを「新《しん》・軍産《ぐんさん》複合体」と表現している。今も前著の帯に書かれた「アメリカをWestExec（ウエストエグゼク）社が動かす！」の通りだ。

古村君は、バイデン政権の進めている「産業政策（Industrial Policy《インダストリアル・ポリシー》）」に注目している。産業政策は日本語で書くと珍腐なコトバだが、アメリカ政治学における重要な概念だ。この産業政策という概念を生み出したのは、日本研究学《ジャパノロジー》の大《だい》学者だったチャルマーズ・ジョンソン博士だ。私は、当時アメリカ留学中だった古村君を伴《ともな》って、カリフォルニア州サンディエゴにあるチャルマーズの自宅を訪問し、長時間にわたって話し込んだ。２００４年4月のことだ。このことを懐かしく思い出す。

古村君は、本書の後半部で世界政治における「西側諸国（the《ザ》 West《ウエスト》）対《たい》 西側以外の国々（the《ザ》 Rest《レスト》 残りの部分の意味）の分裂と対立」を描き出している。ウクライナ戦争は、アメリカのディープステイトが、何が何でも、プーチン政権を罠《わな》に嵌めてウクライナにおびき出して、ロシアを弱体化することが目的だった。この外交・軍事戦略を決定して実行した者たちが、まさしく今のバイデン政権の高官たちだ。一方、中国、インド、サウジアラビアなど、非《ひ》西洋、即ち西側以外の国々は、継続してロシアから石油を輸入することでロシアを支えた。ウクライナ戦争は膠着《こうちゃく》状態だが、英と米のディープステイト側の敗北、そしてロシアとロシアの苦境を支える西側以外の国々の勝利が見えてきた。

本書『バイデンを操《あやつ》る者たちがアメリカ帝国を崩壊させる』で、古村君は、「世界覇権がアメリカから中国に移動する、中国は焦らず、じっくりと熟柿《じゅくし》作戦で覇権《ヘジェモニー》が泰然自《たいぜんじ》若《じゃく》で手に入るのを待つ。大国の風格だ」と書いている。まさしくその通りで、もうすぐ世界覇権の移動が起きる。

この一冊で、最新のアメリカ政治と世界政治の動きを理解することができる。ぜひ、読者諸賢にお読みいただきたい。

2023年12月

副島隆彦《そえじまたかひこ》

はじめに

私は２０２１年6月に、著書『悪魔のサイバー戦争をバイデン政権が始める』（秀和システム）を発表した。その中で、ジョー・バイデン Joe Biden（１９４２年～、81歳。大統領在任：２０２１年～）政権の高官たちの多くが、アメリカの首都ワシントンＤＣにあるコンサルティング会社の、ウエストエグゼク・アドヴァイザーズ社 WestExec Advisors の出身者であることに着目し、この会社を中心とする人脈からバイデン政権を分析した。

このウエストエグゼク社が米国防総省 United States Department of Defense《ユナイテッド・ステイツ・デパートメント・オブ・ディフェンス》 や軍事産業と関係が深い点に注目し、「バイデンとバイデン政権の高官たちは中露に対して強硬な姿勢を取る、もしかしたら戦争になるかもしれない」と書いた。

翌年の２０２２年2月24日にウクライナ戦争が始まった。バイデン政権の下でロシアが絡《から》む戦争が起きたということで、私の本に注目してくださる方が増えた。アメリカと中露が直接戦う戦争ではなかったが、アメリカはウクライナに対して大量の武器を支援しており、ウクライナがアメリカの代理proxy《プロキシー》となり、ロシアと戦っている。
しかし、バイデン政権の活動の根幹を担っている、ウエストエグゼク社と同社の出身者たちの人脈に対して、日本では大きく注目されるところまではいかなかった。私はそのことを残念に思っていた。

ジョー・バイデン（1942年～、81歳）
36年にわたり、連邦上院議員を務め、オバマ政権の副大統領、現在は史上最高齢の大統領。高齢問題や健康問題を不安視されている。

しかし、2023年9月2日、講談社が運営するウェブサイト「現代ビジネス」の「ニュースの深層」というコーナーを長年にわたり担当している、ヴェテランのジャーナリスト歳川《としかわ》隆雄《たかお》氏が、「米バイデン政権

『国務副長官』の後任は……政府要職を占めるコンサル出身者のからくり」(https://gendai.media/articles/-/115663)という題名の記事の中で、ウエストエグゼク社について取り上げた。歳川氏は、バイデン政権に数多くのウエストエグゼク社出身者がいることを指摘し、バイデン政権にとって重要だと書いた。

歳川氏の記事が出てから、「あの記事で取り上げられていたウエストエグゼク・アドヴァイザーズ社は、あなたが本の中で取り上げていた会社ですね」「あなたの方が先に注目していたことになる」という嬉しい声を多くいただいた。これでウエストエグゼク社と出身者たちについて、日本でも注目されるようになるだろうと考えている。

本書では引き続き、ウエストエグゼク・アドヴァイザーズ社の動きから、バイデン政権の意図を分析する。さらに、アメリカ国内政治、国際政治の最新の動きを網羅的に捉《とら》え、日本の主流メディアでは紹介されない、見方や考え方を提供する。

バイデンを操る者たちがアメリカ帝国を崩壊させる――目次

推薦の言葉 1
はじめに 5

第1章 中国に対する優位性の確保に苦労するバイデン政権――米中で実施される産業政策でも中国が有利

バイデン政権の産業政策に深く関わるウエストエグゼク・アドヴァイザーズ社 20
ウエストエグゼク・アドヴァイザーズ社とはどのような会社か 22

ウエストエグゼク社出身者が重要高官を占めるバイデン政権は
ヒラリー政権でもある　27
国防総省がウエストエグゼク・アドヴァイザーズ社と関係を深めている　30
ウエストエグゼク社創設者ミシェル・フロノイは
国防総省の予算を使いやすくするように提言報告書を執筆　35
産業政策の本家本元は日本　40
バイデン政権が進める産業政策　46
バイデン政権で産業政策を推進する人材としての
ジャレッド・バーンスタイン　51
ジェイク・サリヴァン大統領補佐官が産業政策の熱心な支持者　54
産業政策の成功例である中国　66
ファーウェイがｉＰｈｏｎｅと同水準のスマートフォンを開発
――21世紀のスプートニク・ショック（Sputnik Crisis《クライシス》）　70
軍事面で優位に立つためには技術面での優位が必要
――長期計画ができる中国が有利ということが明らかに　75

第2章　2024年米大統領選挙は大混迷

米大統領選は100年に一度の大混乱　80
アメリカ大統領選挙はマラソンレース
——まずは党の候補者を決める予備選挙から　82
アメリカ大統領選挙本選挙は各州の選挙人の取り合い　85
現職大統領なのに支持率が上がらないバイデン——有権者は高齢問題を憂慮　88
民主党全国委員会はバイデン当選に向けて露骨な依怙贔屓　91
民主党予備選挙に出馬宣言したロバート・F・ケネディ・ジュニア
——大いなる期待　99
ケネディ・ジュニアが無所属で大統領選挙本選挙に出馬表明という怪しい動き　104

共和党ではトランプが圧倒的に有利な情勢 110
トランプを尊敬する新人候補ヴィヴェック・ラマスワミが大健闘 111
アメリカ史上初めての連邦下院議長解任まで起きた連邦下院共和党の分裂 115
連邦下院では10月から始まる2024年度の予算が可決成立していない 123
共和党内の分裂で注目を集めるフリーダム・コーカスは
「トランプ派」議員連盟ではない 127
「大統領の犯罪」を隠蔽《いんぺい》するためにはどうしても勝たねばならないバイデン 136

第3章　ウクライナ戦争から見えてきた世界の分断

長期膠着状態に陥っているウクライナ戦争の戦況　142
アメリカ軍やNATOの評価が低い、
そして自分勝手なウクライナ軍では勝てない　149
「ゼレンスキー疲れ」「ウクライナ疲れ」に陥ったヨーロッパとアメリカ　153
国際関係論の大物学者ミアシャイマーが
「ウクライナ戦争の責任は、アメリカとNATOにある」と喝破　157
ヘンリー・キッシンジャーの提示する「落としどころ」が停戦の基本線　164
「世界の武器庫」であるべき西側諸国、
特にアメリカの武器増産が進まずに武器不足に陥る　171

「大統領の犯罪」ノルドストリーム爆破事件
――アメリカは平気で自分の同盟諸国を苦境に陥れる 177
戦争直後の国連でのロシア非難決議の採決で世界の分断が明らかになった 187
ウクライナ戦争の結末はどうなるか 191

第4章 「西側諸国 the West」対「西側以外の国々 the Rest」の分断が世界の構造を変える

「西側以外の国々」の中核となるBRICS（ブリックス） 199
多元的な国際機構や枠組みで重層的な関係を築いている
西側以外の国々 202
サウジアラビアがバイデン大統領の依頼を断り、中国寄りの姿勢を鮮明にした 208
中国の習近平国家主席がサウジアラビア訪問で石油取引の人民元決済に言及 210
アメリカを追い詰めすぎると怪我するということで、
「ブリックス通貨」導入は見送り 218
国際社会で仲介者になるほどに中国の大国としての存在感は高まっている 225

アメリカはインド・太平洋で中国を封じ込めたい
──QUAD、AUKUS、NATOのアジア進出　229
「アジアの皇帝」カート・キャンベル国務副長官指名は、
バイデン政権の対中強硬姿勢を鮮明に　234
ハマスによるイスラエルに対する大規模攻撃とイスラエルの反撃　240
アメリカの意向を無視するイスラエルがアメリカを追い詰める　246
ウクライナ戦争とパレスティナ紛争から見えてくるアメリカの威信の低下　253

第5章 覇権国でなくなるアメリカとこれから覇権国になる中国

国際関係論の覇権国交代理論である覇権戦争論と長期サイクル論 261
世界は西洋支配の前の状態に戻る 269
米中間で戦争が起きるか 273
米中は戦争の可能性を視野に入れて体制強化を図る 277
ウクライナ戦争とパレスティナ紛争が長引けば、国際情勢はアメリカと西側諸国にとって不利になる 279
ウクライナ戦争とパレスティナ紛争で抑制的な動きをしている中国だが国際情勢は中国有利になる 284
アメリカはこれから同盟諸国にバック・パッシング（責任転嫁）を行う 287

短期的に見て怖いのは、直接戦争ができないアメリカが
日本に代理戦争をさせること　290
おわりに　295

装幀——赤谷直宣
写真——Avalon/amanaimages
ZUMAPRESS.com/amanaimages
Polaris/amanaimages
Capital Pictures/amanaimages
UPI/amanaimages
Sipa USA/amanaimages

第1章

中国に対する優位性の確保に苦労するバイデン政権

——米中で実施される産業政策でも中国が有利

バイデン政権の産業政策に深く関わる
ウエストエグゼク・アドヴァイザーズ社

この第1章では、ウエストエグゼク・アドヴァイザーズ社を中心にして、バイデン政権の動きを分析する。なぜならウエストエグゼク社こそが、バイデン政権の政策決定に大きくかかわっているからだ。

まず、ウエストエグゼク社の最新の動きとして、同社と国防総省が、利益相反 conflict《コンフリクト・》 of interest《オブ・インタレスト》 が懸念されるほどに、関係を深めていることを紹介する。

ウエストエグゼク社の「現役幹部社員」が「特別政府職員 Special Government《スペシャル・ガヴァメント・》 Employee《エンプロイー》」として、兼業の形で、国防総省が新設した戦略資本局 Office《オフィス・》 of Strategic Capital《オブ・ストラテジック・キャピタル》（OSC）にコンサルタントとして入り込んでいる。

国防総省戦略資本局は、国防にとっての重要技術の研究開発には資金が必要であり、その開発企業に民間から資金が提供されやすくするために設置された。この国防総省戦略資本局は、日本語で分かりやすく書けば、「官民協調 public-private cooperation《パブリック・プライヴェート・コーオペレーション》」の施策として設置された機関である。

私がバイデン政権の動きで重要だと考えているのは、「産業政策 Industrial Policy《インダストリアル・ポリシー》」である。産業政策とは、簡単に定義すると、「政府が保護や指導を通じて、特定の産業の発達を促進し、産業構造を変化させる政策」のことだ。

産業政策で重要なのは、官民協調であり、そのためには、数多くのハイテク関連や軍事関連の民間企業をクライアントに持ち、国防総省にも影響力を持つウエストエグゼク社の存在が必要となる。

ビル・クリントン Bill Clinton（１９４６年～、77歳。大統領在任期間：１９９３～２００１年）政権、バラク・オバマ Barack Obama（１９６１年～、62歳。大統領在任期間：２００９～２０１７年）政権といった歴代民主党政権も産業政策を重視してきたが、バイデン政権の産業政策重視には、中国に対抗するという側面がある。

バイデン政権は、「中国が産業政策を実行していて大きな成果を挙げている。だから私たちも産業政策をやるのだ」という強い決意を示している。しかし、中国がやっているからという受け身な姿勢の、かつ長期的視野に欠けているアメリカ政府では、中国政府に勝てない。

さらに言えば、このような米中間の最先端技術をめぐる争いは、経済戦争 economic war《エコノミック・ウォー》のためだけではない。バイデン政権は、中国との戦争 hegemonic war《ヘジェモニック・ウォー》に備えようとしているのだ。

新型コロナウイルス騒動からウクライナ戦争、激化したパレスティナ紛争は、すべて世界規模での戦争という将来に向けた動きにほかならない。米中両国は、米中両国による直接戦争だけではなく、様々な形の戦争に備えた準備を始めたと私は考えている。

ウエストエグゼク・アドヴァイザーズ社とはどのような会社か

まず、ウエストエグゼク・アドヴァイザーズ社について説明しておこう。

前著『悪魔のサイバー戦争をバイデン政権が始める』の内容と重なる部分もあるが、前著を読んでいない読者もおられると思うので、まずウエストエグゼク社の概要から紹介していく。

ウエストエグゼク・アドヴァイザーズ社 WestExec Advisors は、ワシントンを拠点とするコンサルティング会社だ。民主党系の人材が多く在籍している。

バラク・オバマ政権終了後の2017年に、オバマ政権で、サマンサ・パワー Samantha Power（１９７０年～、53歳）国連大使の首席補佐官を務めたセルジオ・アギーレと、アシュトン・カーター Ashton Carter（１９５４～２０２２年、68歳で没）国防長官の特別補佐官を務めたナイティン・チャダの２人が、オバマ政権で働いた経験を活かしてコンサルティング業務を行いたいと考えて創設した会社である。

サマンサ・パワー（1970～、53歳）
オバマ政権で国連大使を務めた。2008年の大統領選挙で、ヒラリー・クリントンを化け物（monster《モンスター》）と呼んで大問題となった。

　アギーレの上司だったサマンサ・パワーは現在、バイデン政権で米国国際開発庁 United States Ａｇｅｎｃｙ《エージェンシー・》 ｆｏｒ《フォー・》 Ｉｎｔｅｒｎａｔｉｏｎａｌ《インターナショナル・》 Development《ディベロップメント》（ＵＳＡＩＤ）長官を務めている。チャダの上司だったアシュトン・カーターは、2022年に亡くなったが、ビル・クリントン政権で国防次官補、オバマ政権で国防次官、国防副長官、国防長官を歴任した、国防畑のスペシャリストだった。生きていれば、民主党系の国防畑の大物として、ウエストエグゼク社に関係していたはずだ。

サマンサ・パワーが現在長官を務めている米国国際開発庁もアメリカの対外政策、特に非民主政体国家の民主化 democratization《デモクラタイゼイション》 にとって極めて重要な政府機関であるが、本書では取り上げる余裕がない。私の最初の著作『アメリカ政治の秘密』（PHP研究所、2012年）で詳しく説明、分析しているので、ぜひお読みいただきたい。

ここで少し脱線するが、アメリカの省庁の役職について改めて説明しておこう。ここでは国務省 United States Department of State《デパートメント・オブ・ステイト》 を例とする。

一番上は国務長官 Secretary of State《セクレタリー・オブ・ステイト》 である。その下に国務副長官 Deputy《デピュティー》 Secretary of State が置かれる。オバマ政権のヒラリー・クリントン Hillary Clinton（1947年〜、76歳）国務長官時代に、外交政策全般を担う国務副長官と、省内の事務を主に取り扱う、管理・資源担当国務副長官 Deputy Secretary of State for Management and《マネジメント・アンド・》 Resources《リソーシズ》 の2人体制となった。トランプ政権下では1人体制になったが、バイデン政権下では2人体制に戻っている。

副長官の次が国務次官 United States Under《アンダー》 Secretary of State だ。6名いる国務次官の中で政治担当国務次官 Under Secretary of State for Political Affairs《ポリティカル・アフェーズ》 が、一番地位が高く、国務省内の序列では長官、副長官に次いで第3位である。国務次官の下に、国務次官補 Assistant《アシスタント》 Secretary of State がいる。

地位が下がるにつれて、責任領域、担当分野が狭くなっていく。日本を担当しているのは東アジア・太平洋担当国務次官補だ。これら政府高官の地位は政治任用 political《ポリティカル・》

ヒラリー・クリントン（1947年~、76歳）
連邦上院議員、米国務長官を歴任するも、2016年の大統領選挙でドナルド・トランプに敗北。第三次世界大戦は遠のいた。

appointee《アポインティー》と言って、外部から入ってくる場合が多いが、国務省では叩き上げの外交官が、管理・資源担当国務副長官まで昇進する場合もある。

話を戻す。アギーレとチャダは、有名ではない自分たちの名前だけでは、有名企業を顧客として集めることはできないと考えた。そこで、オバマ政権で国防次官を務めたミシェル・フロノイ Michèle Flournoy（１９６０年〜、63歳）と、国家安全保障問題担当大統領次席補佐官と国務副長官を務めたアントニー・ブリンケン Antony Blinken（１９６２年〜、61歳）に頼み込んで、自分たちと一緒に、ウエストエグゼク・アドヴァイザーズ社の共同設立者になってもらった。

ウエストエグゼクとは、ホワイトハウス White House の西側にあるウエストウィング（西棟）に面した、ウエストエグゼク通り WestExec Avenue《アヴェニュー》から名付けられた。ホワイトハウスや政府での経験と政府との近さを前面に押し出した名前である。

創設者たち、特に重要なミシェル・フロノイの存在もあって、ウエストエグゼク社は国防関係に強いという評価を受けている。

ウエストエグゼク社出身者が重要高官を占めるバイデン政権はヒラリー政権でもある

私は前著『悪魔のサイバー戦争をバイデン政権が始める』で、バイデン政権は、第三次オバマ政権であり、実質的なヒラリー・クリントン政権であると書いた。それはある意味当然なことで、ウエストエグゼク社に集まっていたオバマ政権の高官だった人物や、ヒラリー・クリントンと関係が深い人物たちが、バイデン政権に高官として多数参加しているからだ。

２０１６年の大統領選挙でヒラリーが大統領になっていたら、世界で起きている戦争はもっと早く起こっていただろう。２０２３年はヒラリーが2期目の大統領になっていて、世界はもっとひどい状況になっていたと私は確信している。

バイデン政権における、ウエストエグゼク社出身者の代表格としては、アントニー・ブリンケン国務長官、アヴリル・ヘインズ Avril Haines（１９６９年～、54歳）国家情報長官、イーライ・ラトナー Ely Ratner（１９７７年～、46歳）国防次官補（インド太平洋安全保障担当）、ジェン・サキ Jen Psaki（1978年～、45歳）ホワイトハウス報道官（2022年5月退任、テレビのコメンテイターに転身）、デイヴィッド・コーエン David Cohen（1963年～、60歳）CIA副長官、リサ・モナコ Lisa Monaco（1968年～、55歳）司法副長官などが挙げられる。彼ら以外にも多くのウエストエグゼク社出身者が政権入りしている。

ウエストエグゼク社は、顧客 clients《クライアンツ》である企業からの相談や要請を受けて、問題解決のための方策を提案したり、実際に問題解決のために動いたりする、コンサルティング会社だ。ウエストエグゼク社は顧客について情報公開をしていない。しかし、ウエストエグゼク社出身のアントニー・ブリンケン、アヴリル・ヘインズ、その他の人物たちがそれぞれ、政権入りする際に、情報公開を行い、顧客名が明らかにされた。ウエストエグゼク社の顧客は次ページの表の通りだ。

これらの顧客名は一部であり、アメリカだけではなく、外国の企業も含めて、もっと多くの企業がウエストエグゼク社の顧客になっている。実際に名前が挙がっている企業を見ると、軍事・国防関係やその分野に進出したい企業、さらにはシリコンヴァレーの最先端

ウエストエグゼク社の主な顧客

ブラックストーン	投資ファンド。CEOはスティーヴン・シュワルツマン
ボーイング	世界最大の航空機メーカー
ソフトバンク	孫正義率いる日本企業
ジグソウ	グーグル傘下のシンクタンク
リオティント	鉱物採掘企業の大手
バンク・オブ・アメリカ	アメリカ最大級の銀行
フェイスブック（META《メタ》）	ＳＮＳで急成長したＩＴ企業
ウーバー	ネット利用の配送サービス社
マッキンゼー	最大級のコンサルタント会社
ギリアド・サイエンシズ	抗ウイルス薬の開発で知られる大手薬品会社
ＡＴ＆Ｔ	アメリカ最大の通信会社
リンクトイン	世界最大のプロフェッショナルネットワークを運営
サザビーズ	世界最大の競売会社
パランティア・テクノロジー	ビッグデータ分析、軍事関連・国防総省との仕事に積極的な企業
ウインドワード	イスラエルの海洋データ分析企業
クラウドストライク	インターネット・セキュリティ会社
バートルー	電子メール暗号化によるセキュリティ会社
リッジライン	シリコンヴァレーのヴェンチャー企業、軍事関連進出に積極的な企業

のハイテク産業、GAFA《ガーファ》（グーグル、アップル、フェイスブック、アマゾン）、ビッグテック Big Tech と呼ばれる世界の情報産業を支配する巨大企業が入っている。

ここで浮かび上がるキーワードは「軍事・国防」と「ハイテク」である。「軍事・国防」と「ハイテク」を結びつけ、軍事面での技術革新、アメリカの軍事面での優位性を維持する、そのために、アメリカ政府、特に国防総省と民間企業を結びつける。2つの面で政府と民間企業を結びつけるのがウエストエグゼク・アドヴァイザーズ社だ。

国防総省がウエストエグゼク・アドヴァイザーズ社と関係を深めている

バイデン政権下の国防総省は、ウエストエグゼク・アドヴァイザーズ社と関係を深めている。2023年4月、ウエストエグゼク社の現役の幹部社員（上級アドヴァイザー）が国防総省戦略資本局のコンサルタントとして、ウエストエグゼク社に在籍しながら、兼職して働くことになった。この決定に対して、「この兼職は大丈夫か、倫理上の問題はないのか」「利益相反問題は大丈夫か」という批判の声が、政府活動を監視している監視団体から上がった。このことをこれから詳しく見ていく。

ウエストエグゼク・アドヴァイザーズ社とバイデン政権に関して早くから注目し取材を続けてきた、ジャーナリストのジョナサン・ガイヤー（私は彼の記事でウエストエグゼク社の存在を知った）は、2023年4月28日付で、『ヴォックス』誌上に、「ペンタゴン（国防総省）が民間部門と提携することに関する倫理上の厄介な諸問題」という記事を発表した。

アントニー・ブリンケン（1962年〜、61歳）
国務長官。バイデンの最側近。オバマ政権で、国家安全保障問題担当副大統領補佐官、国務副長官を歴任。人道的介入主義の立場を取る。

この記事の中で、ガイヤーは、ウエストエグゼク社上級アドヴァイザーで弁護士のリンダ・ロウリー Linda Laurie が、国防総省に新設された戦略資本局に非常勤のコンサルタントとして勤務することを取り上げ、この兼職は倫理上問題だ、と指摘している。

ここで重要なのは、国防総省に新たに設置された戦略資本局という部局の存在である（２０２２年12月創設）。国防総省のプレスリリース「国防長官は戦略資本局を創設」には、その目的として、「国家安全保障にとって極めて重要な技術を開発している企業と資本を結びつける」ということが挙げられている。

また、国家安全保障にとって極めて重要な技術として、先端材料 advanced materials、次世代バイオテクノロジー next-generation biotechnology、量子科学 quantum science を挙げている。

この戦略資本局創設の目的と職務について、ガイヤーは記事の中で、「動きの鈍い連邦官僚機構 federal bureaucracy と、ヴェンチャーキャピタル venture capital の支援を受けた最先端の仕事 cutting-edge work をする民間企業とを結びつけること」「国家安全保障にとって極めて重要なテクノロジーに対する民間投資を拡大させる」と書いている。国防総省のプレスリリースには、「戦略資本局は、国防にとって重要な技術開発のために、融資や融資保証について調査を行う」と書かれている。

国防に関わる重要な武器はハイテク化が進んでいる。アメリカ軍の優位性もハイテク化のおかげだ。武器の基礎となる技術開発は民間部門に委ねられているが、そこに資金がもっと流れるように、政府（国防総省戦略資本局）が誘導、促進するということが国防総省、そしてバイデン政権の狙いだ。そして、官民連携、官民協調で、技術開発と資金の流れを調整しつつ、促進するのが戦略資本局の仕事ということになる。

そこに、ウエストエグゼク社の上級アドヴァイザーが、ウエストエグゼク社に在籍のままで特別政府職員（公務員）として入ったということは、そうした関係構築、調整、促進に貢献するためということになる。国防総省と民間部門をくっつける「接着剤」のような存在と言っても良い。

ウエストエグゼク社上級アドヴァイザーにして、国防総省戦略資本局非常勤コンサルタントでもあるリンダ・ロウリーとはどのような人物か。ウエストエグゼク社の彼女の紹介ページと、SNSのリンクトインの彼女の個人ページを見てみると明らかになる。

ハーヴァード大学で芸術学の学士号、ニューヨーク大学で同じく芸術学の修士号を取得し、その後、イェシヴァ大学法科大学院を卒業して弁護士となった。イェシヴァ大学はニューヨークにある、正統派ユダヤ教 Orthodox Judaism《オーソドックス・ジュダイズム》の教えを基礎とする大学だ。

ロウリーのこれまでの政府での経歴を見てみると興味深いことが分かる。2004年から2017年まで国防総省次席法律顧問（国際法担当）、2016年から2017年にかけて国防総省国防技術革新ユニット Defense Innovation Unit《ディフェンス・イノヴェーション・ユニット》（DIU）法律顧問、2021年から2022年にかけて、ホワイトハウスに設置されているアメリカ合衆国科学技術政策局 Office of Science and Technology Policy《オフィス・オブ・サイエンス・アンド・テクノロジー・ポリシー》（OSTP）で研究・技術セキュリティ局長補佐 Assistant Director for Research and Technology Security《アシスタント・ディレクター・フォ・リサーチ・アンド・テクノロジー・セキュリティ》を務めていた。その他に、2021年から2022年にかけてウィルソン・センター人工知能（AI）研究室非常勤研究員も務めた。

国防技術革新ユニットとは、ウェブサイトによると、「国防総省による商用技術導入の促進、軍事的な既存の能力 capacity《キャパシティ》と将来獲得する能力 capability《ケイパビリティ》の革新、国家安全保障技術革新基盤の強化」を目的とする組織である。ワシントンではなく、カリフォルニア州マウンテンヴュー、つまりシリコンヴァレーにオフィスが置かれている。

この技術革新ユニットも、民間企業、特にシリコンヴァレーのヴェンチャー企業の技術を軍事利用するために設置された組織である。新たに設置された戦略資本局もまた同様の目的を持ち、こちらは技術開発に対する資本投下を促進する部局である。このように、国防総省が官民協調で、技術開発分野で役割を果たそうとしているのは、まさに、産業政策そのものである。産業政策については後述する。

ロウリーは弁護士であり、法律の専門家であるが、それ以外に、テクノロジーについても精通していることは経歴を見ても明らかだ。法律、テクノロジー、軍事に精通している存在として、民間技術の軍事転用において、重要な役割を果たすことができる。アメリカ版「官民協調」のコーディネイターとしてうってつけの人物である。アメリカ政府での職歴を見てみれば、国防畑の人材でもある。ウエストエグゼク社創設者ミシェル・フロノイがバックにいて、ロウリーを動かしている。

ウエストエグゼク社創設者ミシェル・フロノイは国防総省の予算を使いやすくするように提言報告書を執筆

アメリカの首都ワシントンDCにある有力シンクタンクのアトランティック・カウンシルが設置した「国防技術革新採用に関する委員会」が、2023年4月12日に、暫定報告書を発表した。

委員会の共同委員長は、マーク・エスパー Mark Esper（1964年～、59歳）元国防長官とデボラ・リー・ジェイムズ Deborah Lee James（1958年～、65歳）元空軍長官（オバマ政権）が務めている。委員の中には、ミシェル・フロノイと、ウエストエグゼク社統括部長のロバート・O・ワーク Robert O. Work（1953年～、70歳）が含まれている。

ロバート・ワークは前著『悪魔のサイバー戦争をバイデン政権が始める』でも取り上げたが、元海兵隊の技術系将校で、オバマ政権2期目では、国防副長官を務めた。アメリカ政府によって2018年に設置された「人工知能に関する国家安全保障委員会」の副委員長を務めたワークは、人工知能 artificial intelligence《アーティフィシャル・インテリジェンス》（AI）を国防分野に活用するように提言している。

アトランティック・カウンシル国防技術革新採用に関する委員会の暫定報告書の執筆者はミシェル・フロノイと、ウェンディ・アンダーソンだ。アンダーソンは、ウエストエグゼク社の顧客にもなっている、ビッグデータ分析企業パランティア社上級副社長（連邦政府・国家安全保障担当）だ。また、アシュトン・カーター国防長官時代（オバマ政権）に国防長官首席補佐官を務めた。

フロノイとアンダーソンは、報告書の中で、次のように述べている。

アメリカ連邦議会は、環太平洋合同演習や、その他の合同演習・サーヴィス関連演習のような、新しい技術やソフトウェア・アプリケーションのテストを目的とした主要な演習で実証される、運用上適切で成熟した商用技術のスケーリングのための予算を承認するよう勧告する。この予算は、有望なソリューションのより迅速な生産と実戦配備を可能にするため、連邦議会が提供したより柔軟な取得権限を採

ミシェル・フロノイ（1960年～、63歳）
民主党系の国防畑の大立者《おおだてもの》。オバマ政権で国防次官を務めた。以降、女性初の国防長官としてたびたび名前が挙がる。

用するよう訓練され、インセンティヴを与えられた人員を擁するプログラム実行局またはは組織に向けられるべきである。

アメリカ会計検査院（GAO）は、国防総省のチーフ・デジタル・AI局（CDAO）は省全体のAI取得戦略を策定すべきであり、軍サーヴィスもAI取得プロセスをナビゲートするための独自のガイダンスを策定すべきであると述べている。

この資金は、新設の国防総省戦略資本局を通じた融資保証の利用と民間資本とのマッチングを活用することで生産と規模拡大を支援すべきである。この提言は、今日戦闘指揮官が直面している深刻な作戦上の課題に対する重要な解決策の獲得を劇的に加速させるために利用できる。（翻訳は引用者）

フロノイたちは、国防総省に、新しい技術やソフトウェアの開発と利用のための予算をつけるべきだ、その予算は国防総省に新設された戦略資本局によって利用され、民間資本と一緒になって、そうした技術開発や運用に柔軟に使われるべきだと主張している。

アメリカがハイテク分野で中国に対してリードを保っているうちに、ハイテク分野に国防総省がテコ入れを行うことで、そのリードを保ち、ひいてはアメリカの武器の優位性を確保し、アメリカ軍の優位を保つことを、フロノイはこの報告書の中で勧告している。そして、これがバイデン政権の方針になっている。

官民協調で、新技術を国防に応用するための役割を戦略資本局が担い、その戦略資本局にはウエストエグゼク社の現役幹部社員リンダ・ロウリーがコンサルタントとして関わっている。これは新しい形の軍産複合体だ。

ウエストエグゼク・アドヴァイザーズ社創業者ミシェル・フロノイがあるインタヴューに答えた時の言葉は非常に重要だ。フロノイの言葉は次の通りだ。

「ウエストエグゼク・アドヴァイザーズ社は、ペンタゴン（国防総省）とシリコンヴァレーの間にある溝を埋める手助けをしているのです」（『悪魔のサイバー戦争をバイデン政権が始める』、68ページ）

これは、**これまでの伝統的な、国防総省と国防産業による「軍産複合体《ぐんさんふくごうたい》」を、ハイテク産業までも取り込んで「新・軍産複合体（New Military-Industry Complex《ニュー・ミリタリー・インダストリー・コンプレックス》）」へと拡大させることを意味している。**前著でも指摘したが、この新・軍産複合体構築を推進しているのがバイデン政権なのだ。

ウエストエグゼク社の顧客として名前が挙がっているパランティア・テクノロジー社やリッジライン社がこれから軍事部門で重要になっていくだろう。

新・軍産複合体構築のために、バイデン政権が実施しているのが「産業政策」である。バイデン政権で国防総省とビッグデータやＡＩなどの先端技術企業を結びつける政策が実行されていることはこれまで述べてきたが、国家の取り組みとして、国家が特定の企業を育成し、産業構造を調整し、発展させるために行うのが産業政策である。バイデン政権は半導体生産などでの新たな産業政策を実行しようとしている。

「産業政策」の本家本元であり、世界初の成功例は日本である。日本の通産省が「経済参謀本部 Economic General Staff《エコノミック・ジェネラル・スタッフ》」となり、日本の重工業への産業構造の転換を成功させ、奇跡の高度経済成長をけん引した。その後、産業政策はアジア諸国、１９７０年代からは韓国や台湾に広がり、そして、中国にも採用され、アジア地域の経済成長を導いた。

産業政策の本家本元は日本

産業政策とは、前述したように、政府が指定した特定の産業を、政府の誘導により、発展させるための政策である。具体的には、政府が、資金援助・資金融資、関税などによる保護などを行い、特定の産業を発展させるというものだ。繰り返すが、現代の産業政策の本家本元、大きな成功を収めたのは、日本である。

日本の産業政策とその推進役となった通産省 Ministry of International Trade and《ミニストリー・オブ・インターナショナル・トレイド・アンド・》 Industry《インダストリー》（ＭＩＴＩ）を網羅的、体系的に研究したのが、日本政治研究の泰斗《たいと》、チャルマーズ・ジョンソン Chalmers Johnson（１９３１～２０１０年、79歳で没）だ。チャルマーズ・ジョンソンは１９８２年に『通産省と日本の奇跡：産業政策の発展１９２５～１９７５（*MITI and the Japanese Miracle: The Growth of Industrial Policy, 1925-1975*）』（邦訳は１９８２年、２０２２年再刊）を発表した。その中で、チャルマーズは、戦後日本の「奇跡の経済成長 economic miracle《エコノミック・ミラクル》」をけん引したのが、通産省の優秀な官僚たちが策定し、実施した産業政策だったと述べている。

チャルマーズ・ジョンソンは１９３１年に生まれ、カリフォルニア大学バークレー校入学後に、米海軍に入隊し、将校として日本を訪問した。その期間中に日本各地を旅行し、日本語を学んだ。

１９５５年に除隊し、大学に戻り、１９６２年に博士号を取得し、母校で教授になった（後にカリフォルニア大学サンディエゴ校教授にも就任）。チャルマーズは、日本語と中国語の能力を駆使して、日本軍が残した資料と中国側の資料を分析し、博士論文（「一九三七年から一九四五年にかけての農民のナショナリズムと共産主義の力」）を完成させた。この頃のアジア専門家たちは、語学に優れ、中国語と日本語、中国語と韓国語など複数の言語を習得している人たちが多かった。

１９６７年から１９７３年にかけて、ＣＩＡ中国担当コンサルタントとして、アジアで活動し、香港に長期滞在していたチャルマーズは、「中国観察（China-watching《チャイナ・ウオッチング》）」をしていたと著書『アメリカ帝国への報復 *Blowback: the Costs and Consequences of American Empire*』（鈴木主税訳、集英社、２０００年）の中で述懐している。

実際の仕事は、同時期に中国国内で起きていた文化大革命 Great Proletarian Cultural《グレイト・プロレタリアン・カルチュラル・》Revolution《レヴォリューション》（１９６６～１９７６年）の状況を、香港に逃れてくる人々から情報収集をしていたということだ。その中には、アメリカが送り込んだスパイもいたはずだ。

チャルマーズは日本にも滞在し、日本研究を続ける中で、東京都立大学教授で、日本政治史の大家だった升《ます》味準之《みじゅんの》輔《すけ》（１９２６～２０１０年、84歳で没）に、日本の高度経済成長における通産省の役割を研究してみてはどうかと勧められた、と『通産省と日本の奇跡』の序文で書いている。

そして、チャルマーズ・ジョンソンは、日本が「発展志向型国家 developmental《ディヴェロップメンタル・》 state《ステイト》」であり、「計画合理性国家 plan-rational state《プラン・ラショナル・ステイト》」であると主張した。これは、国家が経済発展の目標を設定し、その実現のために産業政策を策定・実行するというものだ。

一方、アメリカは「市場合理性国家 market-rational state《マーケット・ラショナル・ステイト》」であり、これは国家が経済において市場での競争を促進するために規制やルールを決める役割のみを果たすというものだ。言い換えるとアメリカでは政府が、市場原理に基づいた民間の活動に積極介入をしないということだ。

チャルマーズ・ジョンソンは、通産省が行った、具体的な産業政策として、「(1) 外国為替管理、(2) 海外からの技術移転の管理、(3) 日本開発銀行による低利融資、(4) 優遇税制、(5) 関税、輸入規制による国内産業の保護、(6) 産業内の各企業によるカルテルの復活、(7) 行政指導による過当競争の規制、(8) 外国為替の免許制」を挙げている。これらの通産省による指導と支援、民間の協力によって、日本の高度経済成長は実現した。

チャルマーズ・ジョンソンは『通産省と日本の奇跡』の中で、次のような興味深いことを書いている。

アメリカにおいて日本の通産省に相当する機関は、商務省ではなく国防総省である。それは、国防総省が本来の性質および機能として、通産省と同様に、戦略的・目的志向型の視点を持っているためである。(『通産省と日本の奇跡』、18ページ)

アメリカ国防総省とボーイングやロッキードやノース・アメリカン・ロックウェルやジェネラル・ダイナミクスといった企業との関係を、他の産業にまで広げ、政府に重要産業を選定し、さらにそれらをいつ整理するかを決定する権限を与えれば、戦後日本における官民協調体制とよく似たものがアメリカにも出現するだろう。(同、305ページ)

今まさにバイデン政権が実行しようとしている政策を予見していたかのようだ。アメリカでは長年にわたり、産業政策は忌避《きひ》されてきた。国家が民間の活動に介入するということは間違ったこととされてきた。特に共和党政権では、自由市場を歪めるという立場から、政府の役割を小さくするということが続いた。

そうした中で、ビル・クリントン政権、バラク・オバマ政権の民主党政権下では、産業

チャルマーズ・ジョンソン（1931～2010年、79歳で没）
日本研究の大物学者だった。とりわけ「産業政策論」で注目された。晩年は、著書『アメリカ帝国への報復』（2000年）を発表し、アメリカの外交政策を厳しく批判した。この本の刊行後に、9·11同時多発テロ事件が起きた。2004年４月にジョンソン教授の自宅を訪問。写真左は副島隆彦氏、右は筆者。

政策、政府と民間の協調が実行された。とりわけクリントン政権では、アメリカのハイテク産業に対して補助金支給や相殺関税の導入などが実行された。

結果として、コンピュータやコンピュータソフトの値段が下がり、これらの製品の輸出が増加し、クリントン政権下での景気回復を支えた。このため、日本のハイテク産業は大打撃を受けた。さらにオバマ政権では、クリーンエネルギー部門に対する補助金を大幅に引き上げるという政策を実施した。

バイデン政権が進める産業政策

バイデン政権の産業政策について、よくまとまった内容の記事が日本語で出た。それは、「バイデン政権の産業政策は、これまでとは何が違うのか――供給サイドに手厚いインセンティブ」(ローラ・タイソン、会社四季報ＯＮＬＩＮＥ、２０２３年1月8日)というものだ。

この記事の著者ローラ・タイソン Laura Tyson(１９４７年～、76歳)は民主党の産業政策において重要な存在だ。タイソンはマサチューセッツ工科大学で経済学の博士号を取得後、カリフォルニア大学バークレー校で教鞭を執った。

クリントン政権下で、１９９３年から１９９５年にかけて大統領経済諮問委員会委員長、１９９５年から１９９６年にかけて国家経済会議議長を歴任した。クリントン政権で産業政策の策定を行った人物だ。

２００８年に大統領選挙に当選直後のバラク・オバマが地元シカゴに経済学者を集めて会議を開いた際に、タイソンも招聘された。タイソンは民主党系の経済学者の重鎮である。タイソンは、１９９３年に『誰が誰を叩いているのか　戦略的管理貿易は、アメリカの正しい選択？（Who's Bashing Whom?）』（竹中平蔵監訳、阿部司訳、ダイヤモンド社、１９９３年）を出版した。この中で、産業政策の重要性を主張している。

ローラ・タイソン（1947年〜、76歳）
経済学者。クリントン政権で、大統領経済諮問委員会委員長、国家経済会議議長を歴任。産業政策を推進した。

タイソンは同書で次のように書いている。

アメリカでは、新しいタイプの産業政策が定着しつつある。ジョー・

バイデン大統領のリーダーシップのもと、連邦政府はインフラ投資・雇用法（550億ドル）、CHIPSおよび科学法（2800億ドル、以下CHIPS法）、インフレ抑制法（3940億ドル、通称IRA）を通じて大規模な支出制度を創設している。これらの政策は、従来の需要喚起のための支出策ではない。むしろ、イエレン財務長官が説明するように、アメリカ経済全体と半導体や再生可能エネルギーなどの主要部門の能力を高めるための供給サイドの投資である。

個々の条項や資金調達プロセスは異なるが、3つのプログラムはいずれも、過去100年にわたりアメリカの競争力にとって不可欠であった官民モデルに基づくものである。

これらのプログラムは、民間投資をクラウドインして加速させるよう設計されており、民間投資の代用にはならない。従って、その資金の大部分（IRAとCHIPS法の場合）は、企業に対する税額控除という形で提供される。

（中略）

産業政策はバイデン氏の経済政策の中心である。産業政策を正しく行うことは決して簡単なことではないし、それぞれの地域に応じた政策を正しく行うことはさらに困難だ。しかし、より公平で持続可能な成長を達成するためには、正しく判断することが不可欠である。

２０２１年11月に成立したインフラ投資・雇用法は５５００億ドルの予算規模で、輸送部門インフラでは、道路橋梁整備に１１００億ドル、旅客・貨物鉄道整備に６６０億ドル、全国50万カ所の電気自動車（ＥＶ）充電施設整備に１５０億ドル、非輸送部門インフラでは、水道整備に５５０億ドル、ブロードバンド網整備に６５０億ドル、電力グリッド網整備に６５０億ドルを支出するというものだ。

アメリカの道路や水道、送電線などのインフラの老朽化と故障は日本でも報道されている。橋が崩落したり、道路が陥没したり、全米各地で大変に酷い状況にある。バイデン政権はまず、産業の基本となるインフラ整備から始めると決めた。

このインフラ整備に合わせて、連邦政府の予算で行われる整備の場合には、アメリカ製品を使うことを義務付ける「ビルド・アメリカ、バイ・アメリカ法」が関連して成立している。

ＣＨＩＰＳおよび科学法（通称ＣＨＩＰＳ法）は２０２２年8月に成立した。この法律は、今後5年間で連邦政府機関の基礎研究費に約２０００億ドル、国内の半導体製造能力の強化に約５２７億ドルを充てる。基礎研究を通じて、技術革新を促し、アメリカの技術的優位を維持するというものだ。

また、半導体の国内製造を促すことも目的としている。このCHIPS法がバイデン政権の産業政策の柱だ。

インフレ抑制法は2022年8月に成立した。この法律は、過剰なインフレを抑制すると同時に、エネルギー安全保障と気候変動対策の強化を目的としている。この法律では、気候変動対策に約3910億ドルが充てられている。クリーンエネルギー導入に伴い認められる税額控除、電気自動車の購入に伴う税額控除、メタンガスの排出量削減対策などが主な内容だ。


バイデン政権は、半導体製造とクリーンエネルギー部門への投資を増加させ、成長を促そうとしている。特に半導体製造を国家安全保障問題と捉え、国内での製造を促し、中国への投資や製造施設建設をコントロールしようとしている。

また、基礎研究を促進し、技術革新を誘導し、技術的優位、ひいては軍事的優位を維持しようとしている。

バイデン政権で産業政策を推進する人材としてのジャレッド・バーンスタイン

バイデン政権の産業政策立案において重要な人物たちをこれから挙げていく。まずは、ジャレッド・バーンスタイン Jared Bernstein（1955年〜、68歳）という人物だ。バーンスタインは経済学者で、2023年7月に、大統領経済諮問委員会 Council of Economic Advisors《カウンシル・オブ・エコノミック・アドヴァイザーズ》 委員長に就任した。大統領経済諮問委員会はホワイトハウスの機関で、経済問題について、大統領に助言を行う。委員は経済学者となっている。歴代の委員長、委員には大物経済学者たちが名前を連ねている。

バーンスタインは経済学 economics《エコノミクス》 ではなく、社会福祉学 social work《ソーシャル・ワーク》 でコロンビア大学から博士号を授与された人物で、「リベラル liberal」「進歩主義的 progressive《プログレッシブ》」と評される人物だ。

バーンスタインが主流派経済学 mainstream economics《メインストリーム・エコノミクス》 を学ばなかったことが、産業政策立案に役立ったと言えるだろう。なぜなら、国家主導が中心となる産業政策は、市場原理を基盤にする主流派経済学とは相容れないからだ。国家が特定の産業に肩入れをすることは、市場を歪める「大罪《たいざい》」ということになる。

バーンスタインは研究と政府での仕事を行き来していた。2009年から2011年にかけて、当時副大統領だったバイデンの首席エコノミスト、経済アドヴァイザーを務めた。2020年9月には、バイデン＝ハリスの政権移行ティームに、経済アドヴァイザーとして参加した。バイデン政権発足後の2020年から、大統領経済諮問委員会の委員を務めた。そして、今年7月に委員長に就任した。

大統領経済諮問委員会委員長は、政権の経済運営や経済政策に大きな影響を与える。この地位にバーンスタインが就いたということが、バイデン政権が産業政策を重視していることの証拠となる。


ジャレッド・バーンスタインは2020年7月、アメリカの外交専門誌『フォーリン・ポリシー』誌に「アメリカが産業政策を導入する時がやって来た」という論稿を発表した。この論稿が発表された時期は、バイデンが大統領選挙の民主党候補者に決まり、本選挙に向かってこれからトランプとの一騎打ちとなるという時期であった。この時期に、長年バイデンの経済アドヴァイザーを務めてきたバーンスタインが産業政策導入を訴える論稿を発表したという事実が重要である。

バーンスタインは、産業政策という言葉は、アメリカの主流派経済学では異端とされてきたが、政治の現場では、産業政策の必要性について党派を超えて注目が集まっており、導入のコンセンサスができているとしている。

そして、産業政策には反対の共和党からも産業政策の導入を求める声が上がっていると主張している。

バーンスタインは、産業政策を「国家規模でのゴールを追求し、政府が支援の対象とする特定の産業分野を選択することが可能であり、またそうすべきだという考え」と定義し、具体的には、「低利のローン low-cost loans、政府保証 grants、補助金 subsidies、優遇税制措置 tax breaks、6000億ドル（約66兆円）の政府の調達予算を利用しての財やサーヴィスの直接購入が含まれる」としている。

チャルマーズ・ジョンソンが40年以上前に「発見」した日本の産業政策の特徴をバーンスタインも引き継いでいる。

ジェイク・サリヴァン大統領補佐官が産業政策の熱心な支持者

バイデン政権のホワイトハウスで外交政策、国家安全保障政策を取り仕切るジェイク・サリヴァン Jake Sullivan（１９７６年〜、47歳）国家安全保障問題担当大統領補佐官 National Security Advisor《ナショナル・セキュリティ・アドヴァイザー》 は、産業政策の熱心な支持者である。本来は外交・国家安全保障の専門家だが、産業政策の導入をバイデン政権発足前から主張していた。

私はサリヴァンに早くから注目してきた。最初の著作『アメリカ政治の秘密』（ＰＨＰ研究所、２０１２年）でいち早く取り上げた。この当時、サリヴァンは35歳で、国務省政策企画本部長 Director of Policy Planning《ディレクター・オブ・ポリシー・プランニング》 を務めていた。「サリヴァンの年齢と経歴を考えると、10年後か20年後に民主党が政権を取った際に、外交関係の重要人物になっていくだろう」（61ページ）と書いた。この予測は当たった。もっとも、この10年後の民主党政権は、ヒラリー・クリントン政権になるだろうとこの当時の私は考えていた。

サリヴァンの経歴を簡単に紹介しておく。サリヴァンは、イェール大学で政治学と国際関係論を専攻し、１９９８年に最優等の成績で卒業した。そして、ローズ奨学生に選抜されて、イギリスのオックスフォード大学に留学し、2000年に国際関係論で修士号を取得した。ローズ奨学生は、アメリカではエリートの登竜門として知られ、奨学生に選ばれた学生たちは、将来、アメリカをリードするエリートたちとなる。ビル・クリントン元大統領もローズ奨学生に選ばれている。

ジェイク・サリヴァン（1976年〜、47歳）
オバマ政権のヒラリー・クリントン国務長官の下で、次席補佐官と政策企画本部長を務め、早くから外交畑の俊英《しゅんえい》として期待されていた。

サリヴァンは帰国後、イェール大学法科大学院に進学し、2003年に弁護士となった。出身のミネソタ州に戻り、弁護士として働いていたが、地元選出のエイミー・クロウブシャー上院議員の顧問弁護士となり、その縁で、ヒラリー・クリントンの知遇《ちぐう》を得ることになり、ワシントン政治に足を踏み入れることになった。
２００８年の米大統領選挙でヒラリー選対に政策顧問として参加、ヒラリーが敗れると、オバマ選対に参加した。オバマ政権下では、ヒラリー・クリントン国務長官の次席補佐官に就任し、２０１１年から国務省政策企画本部長を務めた。２０１２年には、後に成立する、イランとの核開発をめぐる合意に向けての交渉役を担った。２０１３年から当時のジョー・バイデン副大統領の国家安全保障問題担当補佐官を務めた。２０１６年の大統領選挙では、再びヒラリー選対に参加し、外交政策担当の上級政策顧問となった。上級顧問は政策作りの責任者であり、この時にヒラリーが大統領になっていれば、４年早く、国家安全保障問題担当大統領補佐官になっていたはずだ。

ジェイク・サリヴァンは、カート・キャンベルと共著の形で、「悲劇的な結末を迎えない競争」（フォーリン・アフェアーズ、２０１９年９・10号）という論文を発表している。
カート・キャンベル Kurt M. Campbell（１９５７年〜、66歳）は、ホワイトハウスに置かれている、アメリカ国家安全保障会議インド太平洋調整官 National Security Council《ナショナル・セキュリティ・カウンシル・》 Coordinator for the Indo-Pacific《コーディネイター・フォー・ジ・インド・パシフィック》 を務めている。クリントン政権では、アジア・太平洋担当国防副次官補、国家安全保障会議事務局長を、オバマ政権では、国務次官補（東アジア・太平洋担当）を務めた。2023年10月、バイデン大統領に、国務副長官に指名された。キャンベルは、前述した、ウエストエグゼク社出身のイーライ・ラトナー国防次官補（インド・太平洋安全保障担当）と共に、中国封じ込め用の人材だ。

ジェイク・サリヴァンとカート・キャンベルの論文の中で、中国とは悲劇的な結末にならない形で、競争すべきであると主張している。そして、いくつか重要なことを書いている。それらを次に引用する。

軍事力に資源を集中していたソ連とは異なり、中国は地理経済学を主要な競争の場と見なしている。将来を見据え、人工知能、ロボット工学、先端製造業、バイオテクノロジーなどの新興産業や技術に多額の投資を行っている。中国は、欧米企業の相互待遇を否定することで、これらの分野での優位性を追求している。アメリカは中国に恒久的な正常貿易関係を認め、世界貿易機関（WTO）への加盟を支援し、世界で最も開かれた市場の一つを維持してきた。しかし、産業政策、保護主義、そして完全な窃盗の組み合わせを通じて、中国は自国市場にさまざまな公式・非公式の障壁を設け、アメリカの開放性を利用してきた。

（中略）

中国との経済競争において最も決定的な要因は、アメリカの国内政策である。新たな「スプートニクの瞬間 Sputnik moment《スプートニク・モーメント》」、つまり、ソヴィエト連邦が世界初の人工衛星を打ち上げた時のように、国民の研究を強力に鼓舞するような瞬間、という考え方は大げさかもしれないが、政府はアメリカの経済的・技術的リーダーシップを促進する役割を担っている。しかしアメリカは、ドワイト・アイゼンハワー大統領が提唱した州間高速道路システムや、科学者ヴァネヴァー・ブッシュが推進した基礎研究イニシアティヴなど、まさにその時期に行った野心的な公共投資から目を背けている。ワシントンは、基礎科学研究への資金を劇的に増やし、クリーンエネルギー、バイオテクノロジー、人工知能、コンピューティング・パワーに投資しなければならない。同時に連邦政府は、あらゆるレヴェルの教育とインフラ（社会資本）への投資を拡大し、アメリカの人口統計学的・技能的優位性を継続的に高める移民政策を採用すべきだ。公共投資を飢餓状態に追い込みながら、中国への強硬路線を求めるのは自滅的である。競争を考えれば、こうした投資を「社会主義的」と表現するのは特に皮肉である。実際、エリザベス・ウォーレン上院議員（マサチューセッツ州選出、民主党）やマルコ・ルビオ上院議員（フロリダ州選出、共和党）のような奇妙なイデオロギー仲間は、アメリカの新たな産業政策について説得力のある主張を行っている。

（中略）

アメリカはまた、中国による知的財産の窃盗、的を絞った産業政策 targeted《ターゲティッド・》 industrial policies《インダストリアル・ポリシーズ》、経済と安全保障分野の混合に直面して、技術的優位性を守らなければならない。そのためには、双方向の技術投資と貿易の流れをある程度制限する必要があるが、こうした努力は全面的に行うのではなく、国家安全保障や人権にとって重要な技術については、制限を課し、そうでないものについては通常の貿易と投資を継続できるように選択的に行うべきである。このような対象を絞った制限であっても、産業界や他国政府との協議のもとで実施されなければならない。これを怠れば、知識や人材の流れを阻害し、世界のテクノロジー・エコシステムをバルカン化させかねない。そのような事態は、中国に対するアメリカの重要な競争上の優位性を無にすることになる。つまり、世界最高の人材を調達し、世界中から最大のブレークスルーを合成することができるオープンな経済ということである。一方、技術規制の行き過ぎは他国を中国に向かわせる可能性がある。特に、中国は既に多くの国にとって最大の貿易相手国である。（翻訳は引用者）

サリヴァンとキャンベルは、中国との競争を念頭に置いて、アメリカ国内で「ワシントンは、基礎科学研究への資金を劇的に増やし、クリーンエネルギー、バイオテクノロジー、人工知能、コンピューティング・パワーに投資しなければならない。同時に連邦政府は、あらゆるレヴェルの教育とインフラ（社会資本）への投資を拡大し、アメリカの人口統計学的・技能的優位性を継続的に高める移民政策を採用すべきだ」と述べている。この政策がバイデン政権において実際に実行されている。

ジェイク・サリヴァンは、自分の側近、右腕とも言うべき人物とも論文を発表し、産業政策の導入を訴えている。2020年2月7日に、『フォーリン・ポリシー』誌に、ジェニファー・ハリスという人物と連名で、「アメリカは新しい経済哲学を必要としている。外交政策の専門家たちがそれを助けることができる」（2020年2月7日）という論文を掲載した。

ジェニファー・ハリス Jennifer Harris（1981年〜、42歳）は、バイデン政権のホワイトハウスの国家安全保障会議 National Security Council《ナショナル・セキュリティ・カウンシル》（NSC）と国家経済会議 National Economic Council《ナショナル・エコノミック・カウンシル》（NEC）の両方に所属する、国際経済・労働担当上級部長を務めた（２０２３年２月退任）。

ハリスは、国家安全保障問題担当大統領補佐官であるジェイク・サリヴァンの側近だ。また、対中国強硬派であり、バイデン政権の対中強硬姿勢において、カギとなる存在として知られていた（「対中タカ派として知られるバイデンの補佐官がホワイトハウスを離れる」、ブルームバーグ、２０２３年３月１日）。


ハリスはノースカロライナ州にあるウェイクフォレスト大学を卒業後、オックスフォード大学に留学し、修士号を取得した。帰国後にイェール大学法科大学院を修了し、弁護士となった。オックスフォード大学留学、イェール大学法科大学院修了、弁護士という経歴は、ジェイク・サリヴァンと同じだ。

ハリスはヒラリー・クリントンが国務長官を務めていた時期（２００９〜２０１３年）、国務省政策企画本部に勤務した。当時の上司はジェイク・サリヴァンだった。

ヒラリー・クリントンは国務長官時代、「アジアへの回帰 Pivot to Asia《ピヴォット・トゥ・エイジア》」という、アメリカの外交政策の基本となる重要概念を発表した。アメリカがインド洋と太平洋を一体として捉え、外交の重点をアジアに移すという考えで、これをより露骨に言うと、中国との対決、封じ込めを行うということだ。

この時はあまり注目を集めなかったが、もう1つ発表した概念が「経済安全保障economic statecraft《エコノミック・ステイトクラフト》」である。英語をそのまま直訳すると、「経済統治術」「経済外交術」ということになる。日本語では「経済安全保障」と訳される。日本では2022年に経済安全保障担当大臣が置かれるようになった。

経済安全保障は簡単に言うと、戦略的に重要な製品の国産化と輸出入のコントロールを厳格化するということで、こちらも中国を念頭に置いたものだ。経済面においても中国を封じ込めるという考えであり、その考えの骨格を作ったのが、対中強硬派のジェニファー・ハリスだった。

サリヴァンとハリスは、論文「アメリカは新しい経済哲学を必要としている。外交政策の専門家たちがそれを助けることができる」の中で、次のように書いている。

政策立案者たちは、過少投資underinvestment《アンダーインヴェストメント》が国家安全保障にとって、アメリカの国家債務よりも大きな脅威であることを認識すべきである。ワシントンの内外で毎年開かれる会合で、上級の国家安全保障専門家たちは、国家安全保障上の脅威の筆頭として、いまだに債務を非難している。将軍や提督たちは、定期的に連邦議会でその旨を証言している。しかし、もう議論の余地はないだろう。債務ではなく、長期停滞 secular stagnation《セキュラー・スタグネイション》の方が、はるかに差し迫った国家安全保障上の懸念なのだ。結局のところ、低成長に直面した緊縮財政と投資不足が、ハンガリーのヴィクトール・オルバンやブラジルのジャイル・ボルソナロのような不安定化する独裁政権を生み出すことを、世界は10年間も実証してきたのだ。

（中略）

産業政策（広義には、経済の再構築を目的とした政府の行動）を提唱することは、かつては恥ずべきことだと考えられていた。四十数年の中断にもかかわらず、産業政策は深くアメリカ的である。ヘンリー・クレイのアメリカン・システムから、ドワイト・D・アイゼンハワーの州間高速道路網、リンドン・ジョンソンの偉大な社会 Great Society《グレイト・ソサイエティ》に至るまで、アメリカの歴史を通じて受け継がれてきた伝統である。

産業政策への回帰は、単に数十年前にこの国がやり残したことを取り戻すだけであってはならない。特定のセクターで勝者を選ぶことに注力するのではなく、月に人類を送り込む、ネット・ゼロ・エミッションを達成するといった大規模な使命（ミッション）に政府が投資することに注力すべきだというコンセンサスが生まれつつある。

（中略）

もう一つの理由は、他国、特にアメリカの競争相手がそれを実践していることだ。習近平国家主席が主導している「中国製造２０２５（メイド・イン・チャイナ２０２５）」戦略は、中国を商業と軍事の両分野でテクノロジーと先端製造業のリーダーへと飛躍させることを目的とした、10年間の青写真である。こうした投資は、正確な見積もりは難しいが、中国の補助金だけでも数千億ドルに達する。中国はアメリカと肩を並べるか、既に上回っていると多くの専門家たちが確信している。

もしワシントンが民間部門の研究開発に大きく依存し続ければ、その研究開発は長期的、革新的な進歩ではなく、短期的な利益を生む応用に向けられているので、アメリカ企業は中国企業との競争で負け続けることになるだろう。そして、危機の際に、軍事技術からワクチンに至るまでの必需品を生産するのに必要な製造基盤が欠如すれば、アメリカはさらに不安定を増すだろう。（翻訳は引用者）

サリヴァンとハリスは、政府が産業政策を通じて巨額の投資を行うべきこと、そして、中国が産業政策を行っているのだから、競争に勝つためには、アメリカも産業政策を実施すべきであると訴えている。

サリヴァンは国家安全保障問題担当大統領補佐官であり、ハリスは、国家安全保障会議と国家経済会議の両方に所属する、国際経済・労働担当上級部長を務めた。これは、ジェイク・サリヴァンをはじめとする、バイデン政権の最高幹部たちが、産業政策は、経済対策の域を超えて、安全保障政策であると考えていることを示している。

ここまで、バイデン政権が産業政策を重視し、実行しようとしていることを見てきた。サリヴァンの2つの論稿の内容が、バイデン政権で産業政策として実行されている。バイデン政権の考えは至ってシンプルで、「中国も産業政策をやって成功しているのだから、私たちもこれをやらねば、中国に追いつかれ、追い抜かれてしまう」「ハイテク分野などで中国に追いつかれることは国家安全保障にかかわる問題だ」というものだ。

しかし、アメリカにとって致命的なのは、工業生産能力を喪失している点だ。アメリカで何かを生産しようとしても、そのための設備も労働力もないのだ。第3章のウクライナ戦争の章でも触れるが、アメリカは武器を大量生産することができない。生産のための工場も雇用もアウトソーシング、海外移転させてしまった。バイデン政権としては、産業政策の中心を技術革新に定め、成功させることで、中国に対する優位を保ちたいと考えていた。しかし、中国はその差をぐっと詰め、アメリカ政府に大きな衝撃（ショック）を与えた。それをこれから見ていく。

産業政策の成功例である中国

産業政策による重工業化の成功は、東アジアで顕著に見られた。１９７０年代から１９８０年代にかけて、韓国や台湾の重工業化の成功に関する研究が進められた。

代表的な学者と研究としては、マサチューセッツ工科大学（ＭＩＴ）教授を務めたアリス・アムスデン Alice Amsden（１９４３〜２０１２年、68歳で没）の『アジアの次の巨人――韓国と後発の工業化（*Asia's Next Giant: South Korea and Late Industrialization*）』（１９８９年）、ロンドン・スクール・オブ・エコノミクス（ＬＳＥ）教授のロバート・ウエイド Robert Wade（１９４４年〜、79歳）の『市場を統治する――東アジアの工業化における経済理論と政府の役割（*Governing the Market: Economic Theory and the Role of Government in East Asia's Industrialization*）』（１９９０年）が挙げられる。

１９９３年には世界銀行 World Bank《ワールド・バンク》が、「東アジアの奇跡――経済成長と公共政策（The East Asian Miracle: Economic Growth and Public Policy）」を発表した。もちろん、

中国の高度経済成長もまた産業政策の成功例だ。

ワシントンにあるシンクタンク「情報技術・革新財団」所長で経済学者のロバート・D・アトキンソンは「米中経済戦争を如何にして勝つか——最初のステップは経済戦争をきちんと定義することだ」（フォーリン・ポリシー、2022年11月8日）という重要な論文を書いている。

この論文の中で、アトキンソンは、中国の産業政策について分析している。この論文の中から重要な部分を引用する。

中国はアメリカの技術や産業能力に対して大規模な正面攻撃を仕掛けてきている。2006年に発表された「科学技術発展のための国家的中・長期計画」は、この対立における最初の攻撃と考えることができ、2015年に発表された習近平の「メイド・イン・チャイナ2025（中国製造2025）」戦略がそれに続く。どちらも中国が自給自足 self-sufficiency《セルフ・サフィシエンシー》 を目指す重要技術を特定し、主要産業における外国企業の市場参入制限、広範な知的財産の盗用、技術移転の強制、中国企業への巨額の補助金などを背景としている。後者の文書では、主要産業における中国の市場占有率の数値目標も追加された。

（中略）

しかし、通信機器、高速鉄道、建設機械、航空宇宙、半導体、バイオテクノロジー、クリーンエネルギー、自動車、コンピュータ、人工知能など、中国の国内先端産業の育成に用いられる巨額の補助金やその他の不公正な慣行は、比較優位とは無関係だ。自国企業を強化し、外国企業の競争力を削ぐという、産業分野における破壊的侵略 industrial predation《インダストリアル・プレデイション》による支配欲が反映されているのである。1995年から2018年にかけて、中国とアメリカが先進産業で占める世界生産のそれぞれのシェアの変化には強い負の相関があるのはこのためだ。言い換えると、アメリカがシェアを失った産業で、中国がシェアを獲得したということだ。

（中略）

アメリカの産業戦略が首尾一貫していない主な理由の一つは、戦略を策定し、すべての政府機関がそれに沿うようにすることを仕事とする主体が存在しないことである。このような戦略は、中央集権化され centralized《セントラライズド》、大統領の権限に裏打ちされたものでなければならない。そして適切な資金を提供する必要がある。共和制の擁護者が軍事防衛予算の増額を求めるのは当然だが、アメリカは経済防衛予算の増額も必要とし

ている。（翻訳は引用者）

中国は、２００６年の「科学技術発展のための国家的中・長期計画」、２０１５年の「中国製造２０２５」という長期計画を策定し、通信機器、高速鉄道、建設機械、航空宇宙、半導体、バイオテクノロジー、クリーンエネルギー、自動車、コンピュータ、人工知能の各分野で、アメリカに追いつくという目標を設定した。

「中国製造２０２５」については、筑波大学名誉教授の遠藤誉《えんどうほまれ》著『「中国製造２０２５」の衝撃　習近平はいま何を目論んでいるのか』（２０１９年、ＰＨＰ研究所）に詳しい。中国は20年前の段階で、既にアメリカとの経済的な競争が新たな局面 phase《フェイズ》 に進むことを見越して、計画を立てていたことがよく分かる。

トランプ大統領は、２０１８年3月から、中国製品に対して関税をかけ始め、中国側もそれに対抗する形でアメリカ製品に関税をかけ、米中貿易戦争という状態に陥った。２０１８年8月には、「２０１９年国防授権法」にトランプ大統領が署名し、7年間にわたり、アメリカ連邦政府職員や連邦政府と取引を行う可能性がある企業に対して、ファーウェイと中国通信最大手ＺＴＥ（中興通訊）との取引を禁止した（『「中国製造２０２５」の衝撃』、121ページ)。

また、2019年には、ファーウェイに対してさらなる制裁措置(米商務省の「禁輸リスト」に追加)も行った(「コラム:ファーウェイ制裁発動、米中摩擦は未知の領域へ」、クリストファー・ベドー、ロイター、2019年5月22日)。アメリカからの圧迫を受けた中国は、その後、目立たないように水面下に潜り、2023年に大胆な反撃を行った。

ファーウェイがiPhoneと同水準のスマートフォンを開発
——21世紀のスプートニク・ショック(Sputnik Crisis《クライシス》)

2023年8月29日、世界の通信機器メーカー最大手ファーウェイ(華為技術有限公司)が新しいスマートフォンを発表した。これが、アメリカに大きなショックを与えた。重要な記事を引用する。

「『ファーウェイ、米制裁にもやり遂げた』……『iPhoneと同水準』の製品に米専門家ショック」

中国通信装備メーカー最大手のファーウェイが最近サプライズ公開した最新プレミアムスマートフォンが米国政界で「高強度対中制裁の実効性議論」を深めさせていると米ワシントン・ポストが9月2日に報道した。

これに先立ちファーウェイは8月29日、スマートフォン「メイト60プロ」を発表した。同社は異例なことに、新製品を公開しながらも搭載したプロセッサの種類や、第何世代の移動通信が可能なのかなど、核心部分の特徴を明らかにしなかった。

同紙はファーウェイの製品公開がレモンド米商務長官が米国の対中半導体制裁と高率関税などの懸案を話し合うため訪中したタイミングで行われた点に注目し、「米国の制裁に対する『抵抗の表現』とみられる」と評価した。

中国メディアと業界消息筋の話を総合すると、同製品には中国が独自に生産した7ナノメートル（ナノメートル＝10億分の1メートル）プロセスの半導体が使われた。この半導体は中国の半導体企業ＳＭＩＣが生産したという。また、第5世代移動通信（5Ｇ）チップが搭載され、一部購入者がベンチマークテストを実施した結果、同製品の性能は他の最新5Gスマートフォンと似た水準だと伝えた。

メイト60プロに搭載された7ナノプロセスの半導体は2018年に発売されたアップルのiPhoneに使われたチップの技術と同水準だという。現在台湾のTSMCが製造中の最新iPhone用チップは4ナノプロセスで製作されたという。

米国の専門家らは米国の高強度制裁にも中国が先端半導体を独自に設計・生産したこと自体が衝撃的だと同紙に伝えた。コンサルティング会社オルブライト・ストーンブリッジ・グループのポール・トリオロ上級副社長は「メイト60プロの登場は米国の技術がなくても西側の最先端モデルほどではないにしても相当な水準の先端製品を作れるという事実が立証されたもの。これは地政学的に大きな意味がある」と話した。

続けて同紙は、これまで米国の半導体業界で「対中制裁により中国の半導体自立時期が前倒しされるだろう」と警告したが、これが実現した格好と指摘した。米タフツ大学のクリス・ミラー教授は「今回のことはファーウェイのような中国企業が依然として大きな革新能力を持っていることを見せた。(中国に対する)規制を強化するのかをめぐる米政界の論争がさらに深まりそうだ」と話した。

一方、ファーウェイは自社公式オンライン販売サイトのVモールを通じ、メイト60プロと低価格モデルであるメイト60の予約販売を行っている。メイト60プロは発売から数時間で初回販売分が品切れになったという。カウンターポイントリサーチのアナリスト、イワン・ラム氏は「ファーウェイは業況鈍化の中で在庫水準を計るため製品の早期発売で市場の反応をテストするだろう」と話した。

（中央日報／中央日報日本語版、２０２３年9月4日）

「米国、中国の半導体高度化を警戒　ファーウェイ製スマホ検証」

米政府は中国の通信機器大手の華為技術（ファーウェイ）が発売した新型スマートフォンの検証を始めた。２０１９年から強化してきた米国の半導体技術の禁輸で、高速通信規格５Ｇを搭載した高性能スマホは事実上生産が難しくなっていた。自社開発半導体を搭載し、制裁の影響を軽減している可能性もある。

注目を集めているのがファーウェイが8月に発売した新型スマホ「メイト60プロ」だ。カナダの調査会社・テックインサイツは、ファーウェイが自社開発し、中国の製造受託会社、中芯国際集成電路製造（ＳＭＩＣ）が製造した「キリン」チップが搭載されていると結論づけた。

回路線幅は7ナノ（ナノは10億分の1）メートルで、５Ｇに相当する通信に対応しているとみられている。量産が始まっている「3ナノ」「4ナノ」に比べると2世代前とまだ差があるものの、SMICは先端半導体生産をリードする台湾積体電路製造（TSMC）や韓国サムスン電子に次ぐ微細化技術を進めている可能性がある。

米ホワイトハウスのサリヴァン大統領補佐官（国家安全保障担当）は9月5日、「特定の半導体についてはその特性や構成の正確な情報を得られるまでコメントを控える」としつつ「もっと情報を得る必要がある」と説明した。「国家安全保障上の懸念にのみ焦点を当てた一連の技術制限の方針は維持する」とも表明した。

米連邦議会下院中国特別委員会のマイク・ギャラガー委員長（共和党）は9月6日、こうした民間の調査などを受けて、ファーウェイとSMICへの技術の輸出を全面的に禁じるべきだと主張した。

米連邦議会では現状の対中輸出規制が緩いとの不満がくすぶっており、規制の有効性に一段と疑念が強まりそうだ。

（日本経済新聞、2023年9月7日）

ファーウェイの最新のスマートフォンの発表があり、さらには中国政府や国有企業の職員に対して、中国政府がｉＰｈｏｎｅの使用禁止計画を立てていることが明らかになり、アップルの時価総額は、１９００億ドル（約28兆円）も吹き飛んだ（「アップル、28兆円が消える株価続落――中国がｉＰｈｏｎｅ締め付け拡大か」（サブラット・パトナイク、ブルームバーグ、２０２３年9月7日）。ファーウェイがｉＰｈｏｎｅと同じ程度の能力を持つスマートフォンを開発できるということになれば、わざわざ高いお金を払ってｉＰｈｏｎｅを使う必要はない。

これまで圧倒的に優位に立っていると思われていたスマートフォン分野で、中国に追いつかれたということは、アメリカにとっては大きなショックである。国家安全保障問題担当大統領補佐官であるジェイク・サリヴァンの記者会見でも話題になり、質問が出るというのは、アメリカのメディアは、中国の経済面と技術面での躍進を国家安全保障上の深刻な脅威だと捉えている証拠だ。

軍事面で優位に立つためには技術面での優位が必要
――長期計画ができる中国が有利ということが明らかに

ミシェル・フロノイをはじめとする、アメリカの国防関係者たちは、「アメリカの技術は中国に対して、10年ほど先に進んでいる、中国がアメリカに追いつくためにはまだ時間がかかる」と考えていた。このアメリカに残された時間がなくなるということは、アメリカが技術的な優位性の維持に失敗し、ひいては軍事的な優位性の維持にも失敗するということを意味する。経済力に関して言えば、国内総生産（GDP）で追いつかれ、追い抜かれることは既に確実視されている。

もちろん、まだアメリカが中国に完全に抜かれた訳ではないが、追う者、追われる者の争いの場合、追う者が有利だ。「経済的、技術的、軍事的に、中国がアメリカに追いつくことを阻止する」ということは既に難しい状況だ。それを示したのが、ファーウェイの新しいスマートフォンの開発だ。

アメリカのバイデン政権は、残された10年で、さらに技術革新を行い、中国に追いつかれないように、産業政策などを実施しようとしていた。しかし、その10年が残されていないということになれば、戦略の見直し、練り直しをしなければならなくなる。アメリカは中国脅威論を唱えていたのに、実際には中国を舐めていたのだろう。

バイデン政権は、国防総省とシリコンヴァレーのヴェンチャー企業を結びつけて、「新・軍産複合体」を作り上げて、中国に対する技術的な優位を保ち、それを軍事的優位につなげたいと考えている。しかし、ファーウェイがアップルのｉＰｈｏｎｅと同程度の性能を持つスマートフォンを発表し、中国国内の政府機関や国有企業でのｉＰｈｏｎｅの使用を禁止しようとする動きに出ている。

アメリカの技術的優位は既に崩れつつある。さらに、中国が技術革新を進めて、ハイテク分野での国産化を進めていけば、アメリカが現在行っている重要部品の輸出入を制限することで、中国に対する経済制裁を科すという方法も効果を失う。そうなれば、アメリカはますます、中国に対する優位性を失ってしまう。アメリカの覇権国としての基盤が掘り崩される。アメリカの先行きの見通しは暗い。

第2章
2024年米大統領選挙は大混迷

米大統領選は100年に一度の大混乱

2024年、アメリカは政治の季節を迎える。アメリカ政治最大のイヴェントである大統領選挙を控え、我こそはという人物たちが立候補を表明し、活発に選挙活動を行っている。2024年11月に実施される大統領選挙の最大の注目点は、現職大統領で、2期目に向けての立候補を表明した（2023年4月25日）、民主党のジョー・バイデンが再選されるかどうかということだ。

共和党側では、ドナルド・トランプ前大統領が2022年11月15日に立候補を表明し、各種世論調査で圧倒的な人気を誇っている。他にも立候補者が出ているが、まったく人気が上がらない。トランプにとっての手強いライヴァルは共和党内にはいない。

現在のところ、2024年の大統領選挙本選挙は、民主党のバイデン対共和党のトランプの戦いになると予想されている。これは2020年の大統領選挙と同じ構図だ。2020年の選挙では、現職大統領だったトランプをバイデンが破ったが、今回はバイデンが現職大統領としてトランプを迎え撃つ形になる。

バイデンとトランプの一騎打ち match-up《マッチ・アップ》 についても世論調査が実施されており、トランプ優勢という結果が出ている。例えば、２０２３年9月24日に発表された、『ワシントン・ポスト』紙とＡＢＣニューズによる共同世論調査の結果では、トランプ支持51%、バイデン支持42%という結果になっている。バイデンは現職大統領でありながら、不安な状態で選挙の年を迎える。

本章では、２０２４年のアメリカ大統領選挙に向けた動きを大づかみで説明していく。まず、アメリカ大統領選挙の仕組みを分かりやすく簡潔に説明し、現在行われている民主党、共和党の予備選挙の状況、立候補者の顔ぶれ、民主党、共和党それぞれの内部分裂を紹介する。その象徴的な出来事が、アメリカ史上初めて起きた、連邦下院議長解任である。

そして、最後に私の現在の大統領選挙の予想をする。**私は、バイデンと民主党全国委員会 Democratic National Committee《デモクラティック・ナショナル・コミッティ》（ＤＮＣ）が、合法、非合法、あらゆる方法を用いて、バイデンが当選するだろうと考えている。**その理由は後述する。バイデンの2期目当選は、アメリカ国内の分裂を加速させ、民主政治体制 democracy《デモクラシー》 の正統性 legitimacy《レジティマシー》 を失わせる結果となる。

アメリカ大統領選挙はマラソンレース
——まずは党の候補者を決める予備選挙から

今回の米大統領選挙は、2024年11月5日の火曜日に投開票が行われる。選挙の投開票日は、法律で、「4年ごとの11月第1月曜日の翌日（つまり火曜日）」と決められている。日本と違って、平日に投開票が実施される。この日には、アメリカ連邦下院の全議席（435議席）と、連邦上院（100議席）のうちの3分の1の議席（33から34議席）、いくつかの州の州知事選挙などが同時に実施される。もちろん、最大の注目は大統領選挙の結果に集まる。

アメリカの大統領選挙はマラソンにたとえられる。それは、1年以上の長丁場の戦いになるからだ。アメリカ大統領選挙は2段階で行われる。大統領選挙の本選挙 general《ジェネラル・》 election《エレクション》 の前に、まず、民主、共和両党の大統領選挙候補者を決める予備選挙 primary《プライマリー》 がある。予備選挙の投開票は全米各州で大統領選挙の年の2月から6月にかけて実施されるが、選挙運動は前年から開始されるために、1年以上の時間がかかることになる。

予備選挙の形式には、大きく分けて、①党員集会 caucus《コーカス》 と②予備選挙 primary の2つのやり方がある。①の党員集会は世話役の家や集会所に党員たちが集まり、そこに各候補者を支持する党員が皆の前で自分の支持する候補者を応援する演説を行い、その後投票が行われる。その結果を州レヴェルでとりまとめる。

②の予備選挙は各州政府が運営する公的な選挙として行われる。予備選挙は、有権者登録で支持政党を登録してある人だけが投票できるもの（閉鎖型）と、有権者であれば誰でも投票できるもの（開放型）、さらには、自党を支持政党に登録した有権者と支持政党を登録しなかった有権者にのみ参加を認めるもの（半開放型）がある。選挙の方式や日程を決めるのは、各党の州委員会だ。

ちなみに、日本では住民登録をしている自治体の選挙管理委員会が、選挙人登録を行い、選挙の度に投票所入場券を送ってくる。しかし、アメリカの場合は、地元の選挙管理委員会に自分で登録をしなければならない。有権者登録も各州で方法が異なる。

予備選挙の実際の投開票は大統領選挙本選挙が実施される年の2月から6月にかけて、

全米各地で実施されるのが通例だ。２０２４年の場合、民主党の予備選挙で、アイオワ州がかなり繰り上げて、1月15日に党員集会実施を予定している。これまで、アイオワ州の党員集会が全米で最初に実施される予備選挙であり、その結果に注目が集まり、マスコミも大挙してアイオワ州に集まるのが慣例となっていた。

ところが、詳しくは後述するが、民主党は２０２４年の選挙ではサウスカロライナ州から予備選挙が始まるように変更した（「米民主、大統領選初戦州を52年ぶり変更　24年再選に布石」日本経済新聞、２０２３年2月5日）。この変更を求めたのはジョー・バイデン自身だった。これに対しての反発もあり、アイオワ州民主党は、大幅に繰り上げて1月に予備選挙を行うことで、全米最初という伝統と地位を守ろうとした。

この各党の予備選挙の投票が始まる前の段階で、資金不足などから立候補を取り止める候補者が出てくる。さらに、投開票が始まった後も予備選挙期間中にも脱落者が出てくる。同じ党に所属していながら、激しい批判・中傷合戦やスキャンダル暴露が展開される。相手の党の候補者と戦うために、まずは自党のライヴァルたちを次々と蹴落とさねばならない。また、合従連衡《がっしょうれんこう》で、協力関係を結んで、世論調査の数字でトップの候補者を協力して引きずりおろすということもある。

予備選挙が進むにつれ、最有力の候補者が決まる。そして、夏休み期間の7月、もしくは8月に、民主、共和両党は全国大会 National Convention《ナショナル・コンヴェンション》 を開催する。これは、4日間にわたって続く、お祭りである。有名ミュージシャンのコンサートや、有力政治家や有名人の演説が続く。全国大会で、党の政治綱領 platform《プラットフォーム》 を決め、そして、最終日には、最も重要な党の大統領選挙本選挙立候補者と副大統領候補者を決定する。

全国大会は、全米の大都市にある大規模なスポーツアリーナやコンヴェンションセンターで開催される。それは、数千人が参加するからだ。代議員 delegates《デレゲイツ》 と呼ばれる各州の代表者たちが一堂に会して、大統領選挙の候補者を決定する。代議員の数は州によって異なるが、合計すると2000人ほどだ。だから、大規模会場での開催ということになる。

アメリカ大統領選挙本選挙は各州の選挙人の取り合い

民主、共和両党の正副大統領候補が決まれば、11月の本選挙投開票日まで、ラストスパートをかける。選挙までに3回の大統領候補者討論会が実施される。また、候補者たちは、全米各地を回っての選挙集会や演説会を行う。

候補者たちは全米各地を回ると書いたが、もちろん限られた時間と労力を最大限有効に活用するための戦略がある。それは、自分が所属する党が圧倒的に強い州と圧倒的に弱い州はあまり回らず、接戦になっている州を重点的に回ることだ。

アメリカでは、共和党が強い州を赤い州 Red States《レッド・ステイツ》、民主党が強い州を青い州 Blue《ブルー・》 States《ステイツ》と呼ぶ。それぞれの党のイメージカラーによる色分けだ。これらがだいたい40州くらいある。残りの10州は、大統領選挙の度に民主、共和両党で勝者が変わる激戦州 Swing States《スイング・ステイツ》である。赤と青を混ぜた色の紫から、「紫色の州 Purple States《パープル・ステイツ》」と呼ばれることもある。候補者たちは、最終的に、これらの激戦州での選挙活動に力を注ぐ。

アメリカ北部五大湖周辺のペンシルヴェニア州、オハイオ州、ミシガン州などが激戦州として知られる。こうした色分けは２０００年代から報じられるようになった。21世紀のアメリカの分断を表す一つの具体例だ。

大統領選挙の本選挙では、候補者の得票数の合計では結果が決まらない。各州に配分される選挙人 elector《エレクター》の獲得数で勝敗が決まる。選挙人を総称して選挙人団 electoral《エレクトラル・》 college《カレッジ》と呼ぶ。選挙人団の総数は５３８だ。これは連邦上院１００議席（州の人口や広さに関係なく、全米50州に2議席ずつ配分）と連邦下院４３５議席（人口によって配分が異なる、最多はカリフォルニア州で52議席、最小はワイオミング州などで1議席）の合計に、連邦議員が出ていない首都ワシントンＤＣの選挙人数３の合計である。最大のカリフォルニア州には、２＋52で54、最小のワイオミングには２＋１で３の選挙人がそれぞれ配分される。

各州の投票結果で1票でも多かった候補者がその州の選挙人をすべて獲得する「勝者総取り方式（Winner-take-all《ウィナー・テイク・オール》）」がアメリカ大統領選挙の特徴だ。メイン州とネヴァダ州（選挙人数は６）とメイン州（４）では、得票数に比例して選挙人を配分するという形式を採用している。しかし、全米のほとんどの州では勝者総取りとなっている。選挙人２７０名以上を獲得した候補者がアメリカ大統領に選ばれる。

ちなみに、選挙人団の総数が５３８と偶数のため、２６９対２６９の引き分けということがありうる。この場合は、過半数を得た候補者がいないことになる。そこで、選挙後に、連邦下院が大統領を、連邦上院が副大統領を投票によって選出ということになる。このような事態は１８２４年の大統領選挙の時に起きたきりだ（ジョン・クィンシー・アダムズが大統領に選出）。

アメリカ大統領選挙についての説明はこれくらいにして、ここからは２０２４年のアメリカ大統領選挙の情勢を具体的に見ていきたい。まずは民主党の方から解説する。

現職大統領なのに支持率が上がらないバイデン
——有権者は高齢問題を憂慮

ジョー・バイデンの大統領としての支持率は、就任から100日間の「ハネムーン期間（最初は大目に見ようという期間）」は50％台を維持していた。しかし、下落傾向が続き、2022年7月には40％を割り、現在は少し戻しているが、40％台前半にあえいでいる。一方で不支持率は安定して50％台を維持している。

バイデンの大統領当選直後は、バイデンの支持者たちは、「トランプの支持率は酷いものだった」と嘲笑していたが、バイデンとトランプのそれぞれの数字を見てみると、あまり変わらない。何とも皮肉な結果となっている。

前述した、2023年9月24日に発表された、『ワシントン・ポスト』紙とABCニューズによる共同世論調査の結果では、支持率は37％、不支持率は51％だった。不支持率の数字が支持率を14ポイントも上回るという惨憺たる結果だ。これはこの時だけ特別悪かった数字ではない。

ウェブサイトRealClearPolitics《リアルクリアポリティックス》は、すべての世論調査の数字を集計して、その平均を出しているが、バイデンの支持率は平均で40・5％、不支持率は54・8％となっている。ここまで落ち込むと、小手先の人気取りでは挽回は難しい。戦争でも起こすくらいしか挽回策はない。

バイデンは2023年4月25日に、2024年に実施される大統領選挙への出馬を正式に表明した。バイデンは、2023年現在で80歳と、歴代アメリカ大統領の中で史上最高齢である。それが2期目となると、任期終了時にはなんと86歳となる。80歳の老齢だから仕方がないのだが、バイデンが、足元がおぼつかなくて転んだり、よろよろと歩いたりする姿が報道されている。

また、大統領専用機「エアフォース・ワン」の通常の搭乗口からタラップで降りるのは階段の段数が多くて危険という判断で、荷物用のハッチから降りるという姿も見せている。結果としてどうしても高齢がクローズアップされて、「そんなに高齢で足元もおぼつかないのに、大統領の激務が務まるのか、正常な判断はできるのか」という声が高まっている。

アメリカの平均寿命は、2021年の調査結果では、男性73・2歳で、女性79・1歳だ。

一方、日本の平均寿命は、男性81・5歳で、女性87・6歳だ。バイデンはアメリカ人男性の平均寿命を7歳も上回り、世界で一番の激職と言われるアメリカ大統領職を務めている。私たち日本人の感覚からすれば、90歳近い人物が首相をやっていて、これからもやるぞと言っているようなものだ。

残念なことだが、進行速度に個人差はあれど、人間の老化は誰にも止められない。1日1日、衰えていくばかりだ。バイデンの高齢問題は深刻である。アメリカの有権者はそこに大きな懸念を持っている。

CNNが、2023年3月と9月に実施した世論調査が興味深い。その世論調査では、「民主党の大統領選挙候補者として、バイデン以外の候補者に出て欲しいか?」という質問が出された。そして、これまで2度出された同じ質問の回答は、バイデンの高齢問題を、アメリカの有権者が心配していることが明確に示された結果となっている。

3月の時点では、54%が、そして、9月の時点では67%が、「バイデン以外の人物に民主党の大統領選挙候補者になってもらいたい(バイデンは1期目だけで引退すべきだ)」と答えた。「バイデンは引退すべき」と答えた有権者の割合は増えている。民主党支持の有権者の3分の2が、「バイデン以外の人物に大統領になってもらいたい」と考えている。

バイデンの支持率の低さもこれで納得できる。バイデンにとって高齢問題は重い足かせとなっている。

民主党全国委員会はバイデン当選に向けて露骨な依怙贔屓

ところが、民主党の予備選挙を取り仕切る民主党全国委員会（ＤＮＣ）は、バイデン再選に向けて既に動き出している。２０２３年3月、民主党全国委員会は、現職大統領バイデンへの完全な支持を表明し、「今回の予備選挙では、候補者たちによる討論会は行わない」と発表した（ワシントン・ポスト、２０２３年3月15日）。

また、民主党全国委員会の動きに合わせて、民主党所属の有力政治家たちは相次いで、予備選挙への立候補見送りを発表した。こうして、民主党は「バイデンで決まり」「バイデンの下で一致団結して当選を目指そう」という雰囲気づくりを行っている。

民主党全国委員会は、民主党の全国組織であり、各州の民主党委員会を統括する組織であるが、日本の政党本部のような大きな力は持っていない。主な仕事は、大統領選挙候補者を指名する全国委員会を開催することだが、民主党全国委員会は、酷い「特定候補への依怙贔屓《えこひいき》」の前科がある。

2016年の大統領選挙では、民主党の候補者としてヒラリー・クリントンが有力視されていた。そこに、社会主義者を自認するバーニー・サンダース Bernie Sanders（1941年〜、82歳）上院議員が出馬し、若者たちを中心に支持を拡大していった。ヒラリー陣営と、陣営にべったりの民主党全国委員会は、サンダースの人気上昇に危機感をつのらせた。

そこで、全国委員会委員長であるデビー・ワッサーマン・シュルツ Debbie Wasserman Schultz（1966年〜、57歳）下院議員と全国委員会のスタッフたちは、サンダースの評判を落とそうと画策した。討論会の回数を大幅に減らし（その後サンダースからの強い抗議で少しだけ増やされた）、ヒラリー陣営に批判への対処法を助言した。

また、正論を述べてシュルツに反対ばかりする副委員長のトゥルシー・ギャバード Tulsi Gabbard（1981年〜、42歳）下院議員を孤立させる（ギャバードは2016年2月にサンダース支持を表明して副委員長を辞任）など、ヒラリー陣営に有利になるような動きを行った。予備選挙期間、全国委員会のこうした動きは明らかにされてこなかったが、多くの人々が「何かおかしい」と感じていた。

サンダースは予備選挙で善戦したが、最終的にヒラリーが勝利を収め、2016年7月25日にフィラデルフィアで開催される全国大会でヒラリーが民主党の大統領選挙候補者に指名されることになっていた。その直前の7月22日、内部告発サイト「ウィキリークス Wikileaks」が約2万通のEメールを公表した。その中に、シュルツ委員長とスタッフたちが、ヒラリーに有利になるように画策する、生々しいやり取りが多く含まれていた。暴露直後の全国大会は大荒れとなり、サンダース支持の若者たちは会場の内外で激しい抗議活動を展開した。シュルツは責任を取って全国委員長を辞任した。

この事件によって、多くのアメリカ人有権者の間に、民主党、特に民主党主流派に対する不信感が生まれた。また、サンダースの躍進によって、民主党内の進歩主義派が伸長することになった。その象徴がサンダースの選対に参加し、その後政治の世界に飛び込んだ、アレクサンドリア・オカシオ＝コルテス Alexandria Ocasio-Cortez（ＡＯＣ、１９８９年～、34歳）下院議員だ。

サンダースの大統領選挙の選挙対策本部の幹部たちが結成した政治団体「ジャスティス・デモクラッツ Justice Democrats」は、進歩主義派の連邦議員たちを増やす活動をしており、少しずつではあるが成果を挙げている。そして、この団体の支援を受けて当選した議員たちは、ジャスティス・デモクラッツという議員連盟を結成している。現在は11名が所属しており、民主党進歩主義派として、主流派・エスタブリッシュメントとは対立関係にある。詳しくは前著『悪魔のサイバー戦争をバイデン政権が始める』をお読みいただきたい。

今回の民主党予備選挙も、全国委員会の贔屓が2016年並みに酷い状況だ。民主党全国委員会は討論会を行わないと発表している。その理由として、バイデンが現職大統領で公務多忙で、そもそも他に実績のある候補者がいないことを挙げている。まず、これがおかしい。

2016年の選挙では、シュルツ委員長が討論会は6回開催するという発表をし、反発が高まったために少し増やして9回だった。それでもかなり少ないという批判は残った。バイデンの高齢を考慮して回数を減らすということはあっても良い。しかし、今回の選挙ではゼロだ。異常な状況だ。

民主党予備選挙には、後述する、ロバート・F・ケネディ・ジュニア Robert Francis Kennedy Jr.（1954年～、69歳）とマリアンヌ・ウィリアムソン Marianne Williamson（1952年～、71歳）が出馬表明をした。ところが、2023年10月9日にケネディ・ジュニアが無所属での大統領選挙立候補を表明した。このケネディの動きもどうも怪しい。ケネディの民主党予備選挙からの撤退で、民主党全国委員会の討論会ゼロ決定が正しい判断ということにされ、全く問題視されなくなった。

２０２４年大統領選挙の予備選挙では討論会を行わないという民主党全国委員会の決定に対して、有権者は反発している。２０２３年6月にＵＳＡトゥデイとサフォーク大学が共同で行った世論調査の結果によると、民主党支持の有権者の約80％が、バイデンが出席しての討論会を見たいと答えている。バイデン支持の有権者に絞っても、72％が討論会を見てみたいと回答した。有権者たちはやはり討論会を見たいのだ。候補者たちが丁々発止、議論を戦わす姿こそが、アメリカの民主政治体制の華《はな》だ。それを民主党が否定しているのはやはりおかしい。

民主党全国委員会は、討論会を行わない決定のほかにも、バイデンに便宜を図っている。委員会は、２０２２年12月、各州の予備選挙の投開票日を発表した。予備選挙は、これまで50年以上にわたって、アイオワ州、ニューハンプシャー州、ネヴァダ州、サウスカロライナ州という順番で行われていた。ところが、前述したように、今回の選挙で、サウスカロライナ州で予備選挙を最初に行うという日程変更を決めた。この変更を要求したのは、バイデン自身だ。

前回の選挙で、サウスカロライナ州までの3州で苦戦を強いられたバイデンとしては、今回もまた緒戦で苦戦をすると、「現職大統領なのにだらしがない」「やっぱり人気がないのだ」という印象を有権者に与えてしまうことになる。だから、自分が確実に圧勝できるサウスカロライナ州から始めて勢いをつけたいと、このようななりふり構わぬ、見苦しい要求を行った。現職大統領とも思えない姑息さであり、民主党にそこまでお膳立てしてもらわないと自信をもって選挙戦を戦えないのかと呆れてしまう。

現在の民主党全国委員会委員長はジェイミー・ハリソン Jaime Harrison（1976年～、47歳）という人物だ。この人物が現在の民主党全国委員会を主導して、討論会を行わないと最終決定した。議員ではなく、過去にサウスカロライナ州民主党委員長を務めただけの人物だ。ハリソンはバイデンべったりの人物である。

まず、2020年の大統領選挙当選直後のバイデンが自ら全国委員会委員長にハリソンを指名し、委員たちはバイデンの指名に従って、ハリソンの委員長就任を承認した経緯がある。バイデンは自分の息のかかった人物を民主党全国委員会委員長に据えたのである。

さらに、ハリソンは、ジム・クライボーン Jim Clyburn（1940年～、83歳）下院議員（サウスカロライナ州選出）の側近でもある。クライボーンの事務所スタッフを務め、民主党所属下院議員会の上級スタッフも務めた。クライボーンは、2020年の大統領選挙で、サウスカロライナ州予備選挙が行われる直前に、バイデン支持を表明した。クライボーンはサウスカロライナ州民主党の実力者であり、民主党支持のアフリカ系アメリカ人たちに大きな影響力を持っている。これで予備選挙の潮目が変わった。

ちなみに全米人口に占めるアフリカ系アメリカ人の割合は約12％だが、サウスカロライナ州は約28％である。アフリカ系アメリカ人の選挙における影響が大きい。前回の選挙では、それまでの3つの州の結果で振るわなかったバイデンがサウスカロライナ州で圧勝して息を吹き返し、そのまま勝利に進んだ。クライボーンは、アメリカのメディアでバイデン勝利の立役者と評された。

長い政治キャリア（下院議員に連続15回当選）を誇るクライボーンはバイデンの長年の盟友である。バイデンは、昨年2022年の夏休みをサウスカロライナ州で過ごしたほどだ（ロイター通信、2022年8月15日）。

クライボーンとハリソンは、サウスカロライナ州のアメリカ政治での地位を上げたいと考えていた。サウスカロライナ州で最初に予備選挙が行われるとなれば、メディアの注目も集まり、文字通り、世界中の記者たちがサウスカロライナ州にやってくる。そして、予備選挙の流れを作ることもできる。

バイデンから全米最初に予備選挙をサウスカロライナ州で行うと提案されれば、クライボーンとハリソンが、それに乗るのは当然だ。しかし、これまで最初に予備選挙が実施されていたアイオワ州民主党が予定をかなり繰り上げる決定をしたために、先行きは不透明になっている。

このように、依怙贔屓《えこひいき》の支援体制で、「バイデン当選」という雰囲気作りが行われている。ところが、前述したとおりに、バイデンの人気はまったく上がっていない。しかし、他に候補者がいないので仕方がないからバイデンを支持するしかないというのが、民主党有権者の現状である。

「アメリカは民主政治体制（デモクラシー）の本家本元だ」と威張り、「民主的な選挙をせよ、言論の自由を保障しろ」と諸外国に押し付けておきながら、アメリカ国内で、とても民主的とは言えないようなことをやっている。世論調査の結果を見れば、アメリカ国民もこれはおかしいと思っているのは明らかだが、それに対して大きな反対が起きていないというのは、アメリカ国民も「アメリカ人《じん》らしさ」を失っていると言わざるをえない。

民主党全国委員会の討論会を行わないという決定は、バイデンの健康問題や失言問題を考えての決定である。バイデンについては、2時間程度の討論会でずっと立っていられるか、何か突拍子もないことを言いだすのではないかという懸念がどうしても存在する。しかし、このようにバイデンのことを思っての依怙贔屓がかえって、バイデンの足を引っ張る結果になっている。そのような万全のお膳立てや配慮が必要なほどに、バイデンは弱っているのだと有権者が受け止め、かえって有権者にバイデンの弱さをより強く印象付けることになっている。このことが、バイデン以外の候補者に出てもらいたい、という民主党支持の有権者の考えにつながる。民主党全国委員会は、バイデンに対して、「贔屓の引き倒し」をしてしまっているのだ。

民主党予備選挙に出馬宣言したロバート・F・ケネディ・ジュニア——大いなる期待

民主党では、ジョー・バイデン以外に立候補者が出ない状況であったが、それが一変する出来事が起きた。ジョン・F・ケネディ John F. Kennedy（1917～1963年、46歳で没）元大統領の甥にして、ケネディ元大統領の弟で右腕でもあったロバート・F・ケネディ Robert F. Kennedy（1925～1968年、42歳で没）元司法長官の息子という金看板を持つ、ロバート・F・ケネディ・ジュニア Robert F. Kennedy Jr.（195

4〜、69歳）が民主党予備選挙に立候補を表明した（2023年4月19日）。

ケネディ・ジュニアはハーヴァード大学卒業後、ロンドン・スクール・オブ・エコノミクス（LSE）に留学し、その後、ヴァージニア大学法科大学院に進み、弁護士資格を得た。環境問題を中心に活動する弁護士として知られている。また、長年にわたり、ワクチンの安全性について疑問を持ち、警鐘を鳴らす運動を続けてきた。新型コロナウイルスワクチンに対しても反対運動を展開した。

ケネディ・ジュニアの出馬宣言は日本で報じられることはほぼなかった。堀田佳男《ほったよしお》氏の「当選したら世界中から米軍を撤退させる、ケネディ候補が衝撃の発言　米大統領選は意外な展開になる可能性も」（JBpress、2023年5月12日）という記事が出たくらいだった。それでも、日本でも人気の高いジョン・F・ケネディ元大統領の甥ということ、そして民主党予備選挙に影響を与える可能性があるということで注目されるようになった。また、その後に、無所属での大統領選挙出馬宣言を行ったことも、大きく報じられた。

ケネディ・ジュニアの民主党予備選挙出馬宣言は、衝撃的な内容であった。ケネディ・ジュニアは出馬宣言の中で、明確に、「自分が大統領になったら、全世界にある800のアメリカ軍基地を閉鎖し、アメリカ軍を本国に撤退させる」「アメリカの中産階級が地上から消し去られようとしている。ウォール街が政府とつながり、ウォール街がアメリカ全体を支配することを止めよう」「ウクライナをアメリカの手駒にしてはいけない。ウクライナ戦争は、アメリカの国益にならない。ウクライナの犠牲を減らすためにも停戦すべきだ」ということを述べている。

ロバート・F・ケネディ・ジュニア（1954年～、69歳）
アメリカ民主党の名門ケネディ家の一員。父はロバート・F・ケネディ元司法長官、伯父はジョン・F・ケネディ元大統領。長年、環境運動と反ワクチン運動を行ってきた。新型コロナワクチン反対運動で注目を集めた。2024年大統領選挙に民主党から出馬宣言するも、途中で無所属での出馬に変更。トランプの得票を減らすのではと見られていたが、その影響力は小さくなっている。

ケネディ・ジュニアはアメリカ国民の多くが求めていることを正しく発信した。私は、ケネディが、バイデンに嫌気がさしているアメリカの有権者たちを惹きつけ、支持を拡大することで、バイデンと民主党全国委員会をかなり悩ませる存在になるだろうとこの当時考えた。

トランプはケネディの出馬を歓迎した。ラジオ番組に出演した際に、ケネディ・ジュニアの出馬について質問され、次のように答えた。

「頑張って欲しい。彼はこれまで私に良くしてくれた。長年にわたりとても良い関係を保っている。彼はとても賢くて、素晴らしい男だ。彼は私のように常識のある男 common sense guy《コモン・センス・ガイ》だ。保守だろうが、リベラルだろうが、常識は常識だ」

トランプはケネディ・ジュニアを高く評価する発言をした。これに対して、ケネディ・ジュニアは「トランプ大統領が私を好きでいてくれることを誇りに思う」と発言した（「ロバート・F・ケネディ・ジュニア：「私はトランプ大統領が私を好きであることを誇りに思っている」、ザ・ヒル、２０２３年６月28日）。トランプとケネディ・ジュニアのやり取りについて報じた記事の中で、ケネディ・ジュニアが「トランプ前大統領」ではなく、「トランプ大統領」と呼んだことが紹介されていた。ケネディ・ジュニアが日本風に言えば、細かい気配りができる人物なのだと私は感心した。

トランプとケネディ・ジュニアの関係が悪くないのは当然のことで、そもそもトランプは長年にわたり、民主党員だった。だから、ケネディ家とも、そしてクリントン一家とも長年にわたり家族ぐるみの付き合いをしていた。トランプの娘イヴァンカ Ivanka Trump（1981年〜、42歳）と、クリントン家の一人娘チェルシー Chelsea Clinton（1980年〜、43歳）は、今は疎遠になっているようだが、年の近い親友同士だった。

トランプとケネディも同様だ。2016年の大統領選挙でトランプが当選した後、ロバート・F・ケネディ・ジュニアは、トランプタワーを訪問し、トランプと会談を持っている。

この会談で、トランプとケネディはワクチンと予防接種について話し合った。トランプは、子供たちへのワクチン接種と自閉症発症との関連性を疑っており、大統領選挙期間中も何度も発言していた。

トランプタワーでの会談の際、トランプはケネディ・ジュニアに自分が設置する予定のワクチン委員会の委員長就任を要請したという話が出た（NBC News、2017年1月10日）。当時、マスコミは一斉に報じたが、トランプ陣営は否定した。

「ケネディ家の一員、これまで環境問題に熱心に取り組んできた、ロバート・F・ケネディ・ジュニアが、民主党の予備選挙に出馬宣言をすれば、さすがに民主党全国委員会も討論会を開催するだろう。討論会の様子が全米中継されれば、バイデンの駄目さに注目が集まるし、選挙結果に影響を及ぼすだろう」と私は期待するようになった。

トランプ前大統領との関係は悪くないし、アメリカ軍の世界規模での撤退やウクライナ戦争の即時停戦など、同じ考えなので、ケネディ・ジュニアの立候補は、トランプ前大統領への側面支援になるかもしれないとも考えていた。

ケネディ・ジュニアが無所属で大統領選挙本選挙に出馬表明という怪しい動き

ところが、民主党予備選挙で選挙活動を行っていたロバート・F・ケネディ・ジュニアであったが、なんと無所属（第三党）で、大統領選挙本選挙に立候補すると表明した。2023年10月9日のことだった。その前から「ケネディ・ジュニアが無所属で立候補するかもしれない」という話はアメリカメディアで盛んに報じられていた。

ケネディ・ジュニアは民主党予備選挙に出馬宣言した後、精力的に選挙運動を行ってきた。日本でも有名なミュージシャンである、エリック・クラプトン Eric Clapton（1945年〜、78歳）が、ケネディ・ジュニアの資金集めパーティーでコンサートを開き、一晩で、総額約220万ドル（約3億3000万円）を集めた。クラプトンは、ワクチンに対して懐疑的な考えを持ち、その縁からケネディ・ジュニアを応援している（「エリック・クラプトンがロバート・F・ケネディ・ジュニアの選挙運動のための資金100万ドルを集めるのに貢献」、サラ・フォーティンスキー、ザ・ヒル、2023年9月19日）。

しかし、既に述べたように、民主党全国委員会は、候補者討論会を行わないと決めているため、テレビで全国に放送される討論会でバイデンと直接対決する機会を得られなかった。その結果として、各種世論調査の支持率は伸び悩み、バイデンに大きくリードされる状態だった。バイデンが50％台後半、ケネディ・ジュニアは良くて20％、多くの場合10％台だった。

ケネディ・ジュニアが民主党の予備選挙に立候補を表明した際、民主党内の議員たちからは、「ケネディ・ジュニアが民主党の予備選挙でバイデンに勝つ可能性はない。ケネディ・ジュニアが、大統領選挙の本選挙で、無所属で出馬することになれば、バイデンから票を奪いトランプを助ける可能性がある」という懸念の声が上がった。

ケネディ家という看板はやはり大きい。「トランプはもちろん嫌だが、バイデンも嫌だ」という民主党支持の有権者がケネディ・ジュニアに投票すれば、バイデンの得票を削り、トランプを利することになる。こういうシナリオだった（「ロバート・F・ケネディ・ジュニアは期待が低い大統領選挙立候補者であるがバイデンには頭痛のタネになる可能性がある」、ダグラス・E・ショーエン、ザ・ヒル、2023年4月24日）。民主党の主流派・エスタブリッシュメントから総スカンを食ったのは当然のことだった。


アメリカの大統領選挙では民主、共和両党以外の第三党の候補者も毎回立候補している。中でも、リバータリアン党 Libertarian Party やアメリカ緑の党 Green Party《グリーン・パーティー》 of the United States が全米で100万票を超える得票を得ている。しかし、選挙人を獲得することはできないし、支持率が低いために、大統領選挙の候補者討論会に出席することもできない。

しかし、第三党の候補者が大統領選挙の結果に影響を与えることはできる。1992年の大統領選挙で、保守系の第三党候補者として立候補したロス・ペロー Ross Perot（1

930〜2019年、89歳で没）の人気が急上昇し、最終的に約2000万票を獲得した。当時は「ロス・ペロー旋風」と呼ばれた。結果として、当時現職大統領だった、共和党のジョージ・H・W・ブッシュ George H. W. Bush（1924〜2018年、94歳で没）が民主党のビル・クリントンに敗れた。

また、2000年の大統領選挙では、フロリダ州の結果で決着がつき、共和党のジョージ・W・ブッシュ George W. Bush（1946年〜、77歳）が2912万7790票（得票率48・85％）、民主党のアル・ゴア Al Gore（1948年〜、75歳）が2912万2253票（得票率48・84％）と、わずか500票、得票率0・01ポイントの差で、ブッシュが勝利した。

この時、アメリカ改革党の候補者として出ていた、環境保護運動活動家として名高いラルフ・ネーダー Ralph Nader（1934年〜、89歳）も、ゴアと同様に、環境問題を訴えており、フロリダ州で約9万8000票を獲得していた。ネーダーに流れた票の一部でもゴアに入っていたら、選挙結果は変わっていただろう。第三党、無所属の候補者は大統領に当選する可能性はないが、選挙結果に影響を与えることが可能だ。

2023年9月から10月にかけて実施された複数の世論調査では、ロバート・F・ケネディ・ジュニアの好感度調査（支持率調査とは別）も実施され、共和党支持の有権者の方がケネディ・ジュニアを好ましく思っているという結果が出た。

平均すると、民主党支持者では、好ましく思っている人が35％、好ましく思っていない人が45％、共和党支持者では、好ましく思っている人が55％、好ましく思っていない人が27％という結果になった（「ロバート・F・ケネディ・ジュニアはバイデンの選挙を台無しにするだろうか、あるいはトランプ？」」、ABC News、2023年10月16日）。これなら、共和党から選挙に出た方が良いくらいである。

ロン・デサンティス（1978年～、45歳）
フロリダ州知事を務める前は、下院議員を務め、フリーダム・コーカスの創設メンバー。トランプとの関係は悪くなかったが、今は敵対している。

ケネディ・ジュニアが無所属（第三党）で大統領選挙本選挙に出る場合、バイデンとトランプのどちらに影響を与えるのか、ということに関心が集まった。2023年10月11日に、アメリカの公共放送PBSのニュース番組「ニューズアワー」とマリスト大学の共同世論調査が実施された。この時に初めて、「トランプ対バイデン対ケネディ・ジュニア」という三つ巴の戦いになる場合にだれに投票するかという質問が出された。

結果は、「トランプ37％、バイデン44％、ケネディ・ジュニア16％」となった。同じ調査で、「トランプ対バイデン」の一騎打ちの場合はどうかという質問も出され、「トランプ46％、バイデン49％」という結果になった。この調査結果から見ると、ケネディ・ジュニアの無所属立候補によって、得票を削られるのはトランプの方だ。

ロバート・F・ケネディ・ジュニアは、なぜ民主党予備選挙から撤退して、無所属で大統領選挙に出ると決めたのかは詳報がないので分からない。民主党が討論会を開かず、民主党支持有権者の中で支持が伸びなかったということが理由として考えられる。それなら、ほぼ考えが同じであるトランプの邪魔にならないように、静かにしておくか、トランプを応援するのが道理だ。結局、ケネディ・ジュニアは、民主党を批判しているのに、大きく見れば、民主党とバイデンを応援してしまっている。政治情報ウェブサイト RealClearPolitics によると、トランプ、バイデン、ケネディ・ジュニアの三つ巴の調査結果は、10月中はバイデン有利となっていたが、11月に入り、トランプ有利になってきている。ケネディ・ジュニアの影響も尻すぼみになっている。

共和党ではトランプが圧倒的に有利な情勢

共和党側に目を移してみると、ドナルド・トランプ前大統領、ロン・デサンティス Ron DeSantis（1978年～、45歳）フロリダ州知事、トランプ政権で副大統領を務めたマイク・ペンス Mike Pence（1959年～、64歳）、同じくトランプ政権で米国連大使を務め、その前はサウスカロライナ州知事を務めたインド系の女性ニッキー・ヘイリー Nikki Haley（1972年～、51歳）、トランプとは一時期盟友関係にあった、元ニュージャージー州知事のクリス・クリスティ Chris Christie（1962年～、61歳）といった人々が立候補している。

各種世論調査の数字を見てみると、ドナルド・トランプ前大統領が圧倒的にリードしている。トランプの支持率は50％台中盤から60％台中盤を維持している。2位につけているフロリダ州知事ロン・デサンティスは、10％台中盤に低迷している。デサンティスは立候補を表明する前は30％台の支持率を記録することもあったが、２０２３年5月に立候補を表明してからは、逆に数字を落としている。他の候補者は10％にも届いていない。

一例を挙げると、２０２３年10月17日に発表された、モーニング・コンサルト社の世論調査の共和党予備選挙候補者の支持率の結果を見ると、トランプ59％、デサンティス14％、ニッキー・ヘイリー7％、ヴィヴェック・ラマスワミ7％、マイク・ペンス6％となっている。アメリカ政界におけるビッグネームの中に、まったく聞きなれない、ヴィヴェック・ラマスワミという無名の新人が突如として現れ、注目を集めている。

トランプを尊敬する新人候補ヴィヴェック・ラマスワミが大健闘

ヴィヴェック・ラマスワミ Vivek Ramaswamy（１９８５年～、38歳）という聞きなれない名前の、無名の新人が最近支持率を上げている。２０２３年3月15日に立候補を表明したが、その月に行われた各種世論調査の結果では、支持率は１％に届かない泡沫《ほうまつ》候補 perennial candidate《ペレニアル・キャンディデイト》 だった。前述したように、それが今では、候補者の中で３位、４位が定位置となっている。知名度の高いペンスやヘイリーを上回っている。

ちなみに、アメリカの記事では、当選確率の高い候補者には、「希望にあふれている hopeful《ホープフル》」という表現を使い、当選確率の高くない候補者には「期待薄の、成功の望みが小さい long-shot《ロング・ショット》」という表現を使う。この long-shot とは、弓矢で遠い場所から的を狙うということで、的までの距離が長ければ長いほど、矢は的に当たりにくい、ということから、期待薄の意味になる。

今回の大統領選挙の共和党予備選挙では、トランプ以外の候補者たちは全員、「期待薄」だということになる。ある意味では、結果が既に決まってしまったような、退屈な選挙戦の中で、人気を上げて、話題となっているのがラマスワミだ。

ヴィヴェック・ラマスワミは、1985年生まれの38歳と他の候補者たちに比べて、大変に若い。アメリカでY世代 Generation《ジェネレイション》 Y と呼ばれる世代に属する。両親はインド系移民で、父親はGE（ゼネラル・エレクトリック）のエンジニア、母親は心理学者で、裕福な家庭で育った。

ハーヴァード大学では生物学を専攻し、卒業後にはイェール大学法科大学院に進学した。大学院在学中に既にヘッジファンドを設立し、100億円以上の利益を上げていた。その後は、バイオテック企業リオヴァント・サイエンシズ Riovant Sciences を創業し、薬剤の開発に成功した。総資産額は、約9・5億ドル（約1450億円）を誇る。若き成功者、立志伝中の人物である。

ラマスワミは、自身の公約（https://www.vivek2024.com/america-first-2-0/）を「アメリカ・ファースト2・0 America First 2.0」と名付け、「（1）アメリカ国民のアイデンティティを復興させる、（2）アメリカ経済を束縛から解放し、GDP成長率5％を達成する、（3）共産主義中国から独立を宣言する、（4）人々や社会を管理することが主眼の官僚制度を解体する、（5）政府と金融市場の武器化

ヴィヴェック・ラマスワミ（1985年〜、38歳）
若くしてビジネス界で大成功を収め、巨額の資産を築き上げた（総資産は1450億円）。トランプ2.0と呼ばれている。ハーヴァード大学時代はラップをやっていた。

weaponization《ウェポナイゼイション》に終止符を打つ」という大きな目標を掲げている。

具体的には、南部国境をドローンをはじめとする軍事力を使って守る、16歳以下のSNS使用禁止、アメリカ準備制度（アメリカの中央銀行）の職務をドルの安定化に限定、石炭の使用、規制の75％の撤廃、半導体の独立（国産化）の推進、政府組織の一部の解体、トランプ前大統領を含む政治的に訴追された人々の恩赦、などトランプよりも過激な内容になっている。討論会では率先して、ウクライナ支援に反対を表明し、ウクライナ東部をロシアに割譲せよと主張している。アメリカのメディアからは「トランプ2・0 Trump 2.0」と評されている。


トランプ前大統領の人気の高さとラマスワミの台頭によって（2人の支持率を足すと、60％以上になる）、共和党エスタブリッシュメントに魂を売ったヴェテラン政治家たちの当選可能性はどんどん小さくなっている。

ラマスワミはトランプ前大統領の支持者だ。2020年の大統領選挙ではトランプ前大統領に投票している。討論会の席上で「トランプ前大統領は21世紀において最高の大統領だ」と発言し、トランプ前大統領はSNS上で、「ありがとう、ヴィヴェック！」という言葉を贈った。

討論会では、マイク・ペンス元副大統領、ニッキー・ヘイリー元米国連大使、クリス・クリスティ元ニュージャージー州知事といった知名度の高い、ヴェテラン政治家たちを向こうに回して、的確かつ巧妙な発言で聴衆を惹きつけ、人々の関心を集めることに成功した。

共和党支持者の過半数、60％以上が、トランプとトランプを支持するラマスワミを支持している。トランプはこれまでのところ、共和党予備選挙候補者討論会に出席していない。ラマスワミはトランプの代理のような形で発言し、支持率を高めている。共和党ではトランプが盤石な形で、支持を広げ、共和党の大統領選挙候補者への道を着実に歩んでいる。

アメリカ史上初めての連邦下院議長解任まで起きた連邦下院共和党の分裂

２０２３年1月に会期が始まった第１１８期アメリカ連邦下院 United States House《ユナイテッド・ステイツ・ハウス・》 of Representatives《オブ・レプリゼンタティヴス》 は波乱の幕開けとなった。どの議会でも最初に行われるのは、議長の選出だ。通常であれば、過半数を握っている政党が自分たちの中で候補者を決めて、その議員が多数決で議長に選出される。多少の反対はあってもそれなりにスムーズに決まる。

しかし、第118期下院議会では、最終的に議長が決まるまでに4日間かかり、15回の投票が実施された。少数党の民主党からは、院内総務（下院民主党のリーダー）のハキーム・ジェフリーズ Hakeem Jeffries（1970年〜、53歳）が議長に立候補した。民主党は途中で席を外した議員はいたが、全員が一致してジェフリーズに投票し続けた。

過半数を握る共和党の方で激しい分裂があって、何度投票しても、過半数の得票を獲得する候補者が出なかったために、15回も選挙が実施されることになった。共和党は、2014年から院内総務を務めていたケヴィン・マッカーシー Kevin McCarthy（1965年〜、58歳）に投票するということを決めていたが、造反者が20名近く出て、3日目の第11回の投票まで200票ほどしか得票できなかった。最終日に反対派が少しずつ切り崩されて、最後は、強硬に反対する共和党の議員6名が棄権をして、ようやく議長に当選した（「米下院議長選、15回投票でついにマッカーシー氏が当選　激しい二転三転の末」、BBC News Japan、2023年1月7日）。新しい議会の議長選びが難航したことは、過半数を握る共和党内の争いを反映したものとなった。

その後、下院では、連邦政府の予算をめぐってひと悶着があった。このことは時系列が逆になるが、次の節で詳しく述べたい。そして、２０２３年10月3日、今度は、ケヴィン・マッカーシー連邦下院議長 House Speaker《ハウス・スピーカー》 の解任動議 motion to vacate《モーション・トゥ・ヴェイケイト》 が可決された。下院議長の解任はアメリカ史上初のことだ。下院議長の解任動議は、１９１０年と２０１５年にそれぞれ提出されたが、１９１０年の場合は否決、２０１５年の場合は採決の前に議長が辞任した。興味深いことに、これまで出された3回の解任動議はすべて、共和党から出た議長に対してなされたものだ。

ニッキー・ヘイリー（1972年〜、51歳）
アメリカ政界で存在感を高めているインド系の一人。サウスカロライナ州知事、米国連大使（トランプ政権）を務めた。現在は、トランプ批判を強めているが、支持率は伸び悩み。

今回の解任動議ではまず、マッカーシー議長を留任させるどうかの採決が行われた。民主党は出席した議員のうち２０７名が反対（５名が棄権）、共和党は２０８名が賛成し、11名が反対したために（２名は棄権）、反対（２１８名）が賛成（２０８名）を上回り、留任させるという決議は否決された。続いて、マッカーシー議長を解任するかどうかの採決が行われた。民主党は２０８名が賛成（４名が棄権）、共和党は２１０名が反対し、８名が賛成に回ったため（３名が棄権）、賛成が２１６名、反対が２１０名となり、解任が決定した。

今回、マッカーシー議長の解任動議を提出したのは、フロリダ州選出のマット・ゲイツ Matt Gaetz（１９８２年〜、41歳）下院議員だ。ゲイツは、ウイリアム・アンド・メアリー大学法科大学院卒業後、弁護士として働き、２０１０年に28歳でフロリダ州の下院議員に当選し、その後、２０１６年に連邦下院議員に初当選し、現在4期目を務めている。自分の政治姿勢については「リバータリアン・ポピュリスト libertarian populist」と自認しているが、「熱心なトランプ擁護者 enthusiastic Trump defender《エンスージアスティック・トランプ・ディフェンダー》」とも呼ばれている。マッカーシー議長解任後に、議場で次の議長（臨時）を決める際、ゲイツははっきりと「ドナルド・J・トランプ」と答えた。この様子はアメリカのメディアでも報じられた。

ゲイツは、マッカーシー議長解任動議を提出した理由として、「民主党に奉仕している議長」であり、支出削減に応じず、最後には民主党に協力を要請してつなぎ予算を可決させたことを挙げた。

マッカーシー議長解任動議に賛成した８名の共和党所属の下院議員たちは、「フリーダム・コーカス Freedom Caucus」と呼ばれる、共和党所属の下院議員だけで構成される議員連盟に参加している。フリーダム・コーカスは、２０１５年創設の新しい議員連盟だ。フリーダム・コーカスに参加している議員の数は現在のところ、46名だ。フリーダム・コーカスに参加している議員の大部分は、マッカーシー議長解任に反対した。

マッカーシー議長解任動議に最後まで賛成した８名は、トランプ派の強硬な議員たちで、「ＭＡＧＡ部隊 MAGA Squad《スクアッド》」と呼ばれている。ＭＡＧＡは、トランプが掲げたスローガン「Make America Great Again《メイク・アメリカ・グレイト・アゲイン》」のそれぞれの単語の頭文字からとった略語だ。このトランプ派はフリーダム・コーカスの中でも浮いている。

強硬なトランプ支持の議員として有名な、マージョリー・テイラー・グリーン議員 Marjorie Taylor Greene（１９７４年～、49歳）は、フリーダム・コーカスから除名処分を受けている。

加えて、この８名の議員たちの多くは、２０２２年3月に連邦議会がロシアに対する制裁を可決する際に、反対した議員たちでもある。彼らは、制裁の効果に疑問を呈し、石油価格の上昇を招けば、アメリカ国民と世界の人々の生活を苦しめることになるという理由で、対ロシア制裁に反対した（「極左、極右がアメリカの介入主義に反対する共通基盤を見出す」、クリスティーナ・マルコス、ザ・ヒル、２０２２年3月12日）。

今から考えれば、非常に冷静な主張であり、多くの人々が同調する考えであるが、２０２２年の開戦直後の時期では、かなりの少数派であった。フリーダム・コーカスについては後で述べるが、この議員連盟はトランプ派の集まりではない。日本でもそのように報道されているが、そうではないということを説明する。

マッカーシー議長解任は、ドナルド・トランプの政治的な影響力の強さを改めて見せつけた。トランプとマッカーシー議長の関係は悪くなかった。マッカーシーは２０１６年の大統領選挙ではいち早くトランプ支持を表明した連邦議員だった。トランプ政権時代、連邦下院少数党（共和党）院内総務 House Minority Leader《ハウス・マイノリティ・リーダー》を務め、トランプとは良好な関係を保っていた。

トランプはゲイツに対して、今回の議長解任動議を出すように事前に促したかという質問に対して「ノー」と答えている。トランプはマッカーシー議長解任に賛成せよとは言っていない。トランプに忠実なグリーン議員は、解任賛成に反対投票をしている。

トランプとしてはマッカーシーに対して何の遺恨もないが、反主流派で、取引に応じないトランプ支持の議員たちが、マッカーシーの議長職を奪ったということだ。結果として、トランプは、自分の力をアメリカ全体に見せつけることができた。

共和党主流派は、大統領選挙本選挙と同時に行われる連邦上院と下院の選挙で勝つためには、トランプの支持、少なくとも不支持や反対を受けないようにしなければ当選が危ういと考える。こうして、トランプの「威光 dignity《ディグニティ》」が作り上げられていく。

共和党と民主党との間の争いも激化している。2022年の中間選挙（Midterm《ミッドターム》・Elections《エレクションズ》）で、共和党が連邦下院の過半数を奪還した。共和党221議席、民主党212議席、欠員2議席という状況で、共和党と民主党は拮抗状態にある。連邦下院の動きが激しくなったのは2023年9月になってからだ。アメリカ連邦政府の2024年度予算をめぐり、慌ただしい動きをしている。そして、前述したように、つなぎ予算の成立がマッカーシー議長の解任にまでつながった。

マッカーシー解任後の議長選びも難航した。3人が議長候補として立候補したが、共和党内でまとまれず、また、トランプが批判した候補はその日のうちに立候補を取り止めた。

そして、トランプが支持した4人目のマイク・ジョンソン議員が共和党の候補者となり、下院議長に選出された（「アメリカ下院議長にジョンソン氏……共和党の混乱、やっと収束　トランプ氏『彼は偉大な議長になる』」、東京新聞、２０２３年10月26日）。

この時期、バイデン大統領は、ウクライナ支援と新たに始まったパレスティナ紛争でのイスラエル支援のために、約１０６０億ドル（約16兆円）規模の巨額の追加予算を連邦議会に認めるように要求した（「バイデン政権、１０６０億ドル予算要求――ウクライナやイスラエル支援など」、ブルームバーグ、２０２３年10月21日）。これに対して、ジョンソン新下院議長は、ウクライナ支援とイスラエル支援は分割すべきで、火事場泥棒的な、ごちゃまぜの追加予算は支持しないと述べた（「ウクライナとイスラエルの支援策を分割すべき＝米下院新議長」、ロイター、２０２３年10月27日）。ウクライナ支援もイスラエル支援も前途多難だ。

トランプ大統領と協力関係にあったマッカーシーをトランプ派の議員が追い落としたために、状況が分かりづらくなった。トランプはマッカーシーの解任を求めていなかった。たまたまトランプ派の議員たちが、マッカーシーが民主党と妥協したことに激怒して、このような行動を取り、両党の議席数が拮抗していたために、解任動議が可決されてしまった。しかし、トランプはこの事態もうまく利用して影響力を高めることができた。

連邦下院では10月から始まる2024年度の予算が可決成立していない

アメリカでは10月1日から新年度になる。アメリカ政府の予算 Federal Budget《フェデラル・バジェット》 がそれまでに連邦議会で可決するか、とりあえずのつなぎ予算 temporary budget《テンポラリー》 が可決されなければ、政府機関は閉鎖 shutdown《シャットダウン》 となる。2024年度は既に始まっているが、現在のところ、11月17日までのつなぎ予算しか決まっていない。

2023年度の予算は年度に入った2022年12月23日に、2022年度の予算は年度に入って半年近く経過した2022年3月10日に、それぞれようやく成立した。日本では年度前に予算が成立するが、アメリカでは予算の成立が年度に入ってだいぶ経過してから成立するということが頻繁《ひんぱん》に起きる。

アメリカでは、毎年2月に大統領が予算案となる予算教書 Budget Message of the President《バジェット・メッセージ・オブ・ザ・プレジデント》 を連邦議会に送り、連邦議会で審議が行われる。予算教書を作成するのはホワイトハウスに設置されている行政予算管理局 Office of Management and Budget《オフィス・オブ・マネジメント・アンド・バジェット》（ＯＭＢ）である。

各省庁はその前年の11月までに日本で言う概算要求を行政予算管理局に行い、行政予算管理局はそれを取りまとめ、政権の方針に合わせて、予算案を作成する。それが正式文書の予算教書となる。予算審議を経て、９月後半に連邦下院で採決が行われる。予算については連邦下院に先議権（連邦上院よりも先に議決する権利）はあるが、優越権（連邦下院の議決結果が連邦上院の議決結果よりも優先される権利）はない。

２０２４年度予算は、２０２３年９月末までに成立しなければ、つなぎ予算となるか、予算執行ができずに政府機関の閉鎖ということになっていたが、９月末の時点で、予算は成立しなかった。臨時のつなぎ予算（期間が決められた暫定的な予算）も反対多数で成立しなかった（「アメリカで連邦政府閉鎖の懸念、共和党強硬派が予算案に反対」、BBC News Japan、２０２３年９月30日）。大きく言えば、共和党側は歳出削減を求め、民主党側は歳出削減に反対し、妥協は難しい。そして、妥協をしようとすると、民主、共和両党内の反主流派が強硬に反対するという構図になっている。

それでも、つなぎ予算が、マッカーシー議長の仲介で、民主、共和両党の主流派の妥協で成立した。このつなぎ予算には、ウクライナ支援の予算が含まれなかった。詳しくは次に引用する新聞記事を読んでいただきたい。

「アメリカ『つなぎ予算』、ウクライナ支援除外し一転可決……政府機関の一部閉鎖を土壇場で回避」

【ワシントン＝田中宏幸】米議会の上下両院は9月30日午後（日本時間10月1日午前）、２０２４会計年度が始まる10月1日から11月17日までの政府資金を確保する暫定予算（つなぎ予算）案を可決した。バイデン大統領の署名で成立し、懸念されていた政府機関の一部閉鎖は土壇場で回避された。

下院の採決結果は賛成３３５、反対91、上院は賛成88、反対9だった。いずれも超党派の支持を得た。

つなぎ予算の可決に向けて、共和党のケビン・マッカーシー下院議長が主導した。大幅な歳出削減を見送った一方、保守強硬派が反対するウクライナへの追加支援を除外した。バイデン政権が求める１６０億ドル（約２兆４０００億円）の災害対策費は盛り込まれた。

つなぎ予算を巡っては、下院で多数派の共和党が9月29日に独自案をまとめたが、ウクライナ支援の減額や大幅な歳出削減を主張する保守強硬派21人が造反し、否決されていた。翌30日に改めてマッカーシー氏ら共和党指導部がウクライナ支援を除外した案をまとめ、超党派の合意に至った。民主党は当初、60億ドルの支援予算を盛り込むよう求めていた。

バイデン氏は声明で「何百万人もの勤勉な米国民に無用な痛みを強いることになる不必要な危機が回避された」と歓迎する一方、保守強硬派が交渉を妨げたと非難した。ウクライナ支援に必要な追加資金を確保することも議会に求めた。

米議会では、24年度予算を巡ってバイデン政権と共和党が対立し、政府機関が一部閉鎖される懸念が高まっていた。多くの政府サービスが中断し、数百万人の連邦職員が一時帰休や無給での勤務を強いられる恐れがあった。

つなぎ予算の成立で当面の閉鎖は回避されたが、期限となる11月17日が近づくと、再び予算を巡る両党の対立が激化するとみられる。

（読売新聞、2023年10月1日）

共和党側は大幅な歳出削減とウクライナ支援の中止や減額を求め、民主党側は、大幅な歳出削減に反対し、ウクライナ支援の予算もバイデンが求めている内容での実現を主張している。10月1日に成立したつなぎ予算では、民主、共和両党に痛み分けの形で、大幅な歳出削減は行われない代わりに、ウクライナ支援の予算は含まれなかった。

マッカーシー議長の仲介はうまくいった。しかし、共和党内のトランプ派の中心人物であるマット・ゲイツは、マッカーシーが民主党に肩入れしたということで、議長解任動議を提出し、最終的に議長解任動議が成立した。トランプとトランプ派の影響力は大きく増した。

共和党内の分裂で注目を集めるフリーダム・コーカスは「トランプ派」議員連盟ではない

アメリカ連邦議会の混乱が報じられると、混乱を引き起こしている元凶《げんきょう》の「共和党内の保守強硬派」グループとして、「フリーダム・コーカス Freedom Caucus」の名前が挙がる。このフリーダム・コーカスが共和党本流・エスタブリッシュメントに反対して、暴れているという構図だ。そして、フリーダム・コーカスは、トランプ派が集まった議員連盟ということも言われる。しかし、フリーダム・コーカスは、トランプ派の集まりではない。まず、次に引用する、２０１７年の日本経済新聞の記事を読んで欲しい。

「トランプ政権阻む保守強硬派　看板公約滞る」

発足から2カ月余りのトランプ米政権に、与党・共和党の保守強硬派が立ちはだかってきた。看板公約の医療保険制度改革法（オバマケア）代替案を撤回に追い込んだほか、政府債務増につながるような大型税制改革やインフラ投資にも否定的。大きな政府に反対する草の根の「茶会（ティーパーティー）運動」に連なる保守強硬派が、米議会の主導権を握る。トランプ大統領には政権運営の足かせとなりそうだ。

「２０１８年には彼らと民主党とも戦う」。トランプ氏は3月20日、18年の中間選挙で身内の与党内勢力に敵対することも辞さないと語った。

トランプ氏が「彼ら」と名指ししたのは下院の「フリーダム・コーカス（自由議員連盟）」。30～40人に上る党内の保守強硬派だ。国家の干渉に対して個人の権利を擁護する古典的な自由主義者らでつくる。

下院共和党（２３７人）の中で2割にも満たない集団だが、投票は一致結束して動く。下院の法案通過は２１６票が必要で自由議連が法案通過を実質的に阻止できる。

オバマケア代替法案はトランプ氏が真っ先に取り組んだ本格的な法案だが、自由議連が反対の姿勢を崩さず、下院で採決すらできなかった。

「今回はコーク兄弟にしてやられた。税制改革も簡単ではない」。トランプ氏に近い党関係者は弱音を吐く。コーク兄弟とは米エネルギー複合企業、コーク・インダストリーズを経営するチャールズ・コーク氏、デビッド・コーク氏を指す。共和党の大口献金者として知られ、資産総額はともに約4兆6000億円とされる。米国の長者番付はそろって7位。大統領選でトランプ氏を支持せずに、様子見に徹した。

自由議連を強力に支援し続けたのがコーク兄弟ら富裕層の献金ネットワークだ。その一つ、政治団体「繁栄のための米国人（ＡＦＰ）」は、ライアン下院議長ら党主流派がオバマケアの代替法案を発表すると「改革が不十分」と反対。自由議連も足並みをそろえた。

ＡＦＰは緊縮財政を唱える茶会運動を先導し、自由議連はその流れを継ぐ。15年秋には政府債務上限の引き上げに反対。政府機関の閉鎖すら辞さない姿勢で党内のベイナー下院議長（当時）を辞任に追い込んだ。

オバマケア代替法案が頓挫した直後の3月28日、トランプ氏はオバマ前政権の地球温暖化対策を見直す大統領令をぶちあげた。「保守強硬派の懐柔が狙いだ」と関係者。

保守系政治団体は規制色の強い温暖化対策を毛嫌いする。そもそもコーク兄弟の事業は石油精製が中核だ。

それでもトランプ氏による30年ぶりの税制改革は前途が険しい。主導するライアン氏は、連邦法人税率を35％から20％へと大幅に下げ、輸出は免税して輸入は課税強化する「税の国境調整」を導入する意向だ。

保守強硬派は党主流派と同じく減税に大賛成。ただ、ＡＦＰは「法人税の国境調整は輸入品の値上がりを招き、米国人に破壊的な影響を与える」と反対の構え。ライアン氏らは輸入品の課税強化を減税の財源に見込む。税制改革が頓挫すれば、保守派の悲願である減税も遠のく。それでもオバマケア改廃や税制改革に反対姿勢を貫くのは「トランプ政権の転覆が狙いではないか」との見方すらある。（以下略）

（ワシントン＝河浪武史、日本経済新聞　２０１７年3月31日）

フリーダム・コーカスは、トランプ大統領時代（２０１７〜２０２１年）の間に、トランプ大統領の邪魔をしていた。トランプ派の議員の集まりならば、トランプ大統領の政策の邪魔をするはずがない。この時期、共和党の院内総務を務めていたのが、ケヴィン・マッカーシーで、トランプの政策実現に尽力していた。トランプは、マッカーシーを「私のケヴィン」と呼んでいたほどだ。

マッカーシーが対応に苦労したのが、フリーダム・コーカスの議員たちだった。ここの部分が忘れ去られ、今回のマッカーシー議長解任の主役となった、マット・ゲイツ議員たちがフリーダム・コーカスに所属していたことから、複雑な状況になった。

日本でもアメリカ政治の専門家である、上智大学の前嶋和弘《まえしまかずひろ》教授や、産経新聞ワシントン駐在編集特別委員・論説委員の古森義久《こもりよしひさ》氏などが、フリーダム・コーカスについて誤解している。前嶋教授は、「アメリカ政治の新たな火種「フリーダム・コーカス」とは何者か。極右議連の台頭が世界情勢に及ぼす影響」（BUSINESS INSIDERS、２０２３年3月14日）という論説の中で、「自由議連所属議員の行動原理の中心にはトランプへの忠誠心がある」と書いている。

また、古森氏は、「アメリカ議会の混乱の真相」（日本戦略研究フォーラム　https://www.jfss.gr.jp/article/1857）という論説の中で、「主流派のマッカーシー議員に当初、難色を示したフリーダム・コーカスは共和党内でも最も保守色が濃く、最もドナルド・トランプ前大統領に近い議員たちの集団である」と書いている。それならば、先に引用した、日経新聞の記事の内容をどう説明するのか。繰り返すが、フリーダム・コーカスはトランプ派の議員グループではない。

トランプに忠誠心を持つ、トランプ派の下院議員たちは、フリーダム・コーカスに所属している。しかし、フリーダム・コーカスとして一致団結、まとまって行動しようとはしていない。そもそも、トランプ派議員たちは、フリーダム・コーカスから別れて、「アメリカ・ファースト・コーカス America First Caucus」を結成しようという動きに出たことがある（2021年4月）。

これに対して、フリーダム・コーカスの首脳部や共和党内部から激しい反対が出た。「分離した議員たちは、下院のどの委員会にも所属させない」「共和党下院議員会から除名する」という激しい批判が起きて、アメリカ・ファースト・コーカス構想は潰されてしまった（「アメリカ・ファースト・コーカスは右派のフリーダム・コーカスによって拒絶された」、アンドリュー・ソレンダー、フォーブス、2023年4月17日）。

MAGA部隊と呼ばれる、トランプに忠誠心を持つ議員たちは、フリーダム・コーカスの主流派、首脳部からは疎まれている。

最初に引用した日経新聞の記事でも言及されているが、フリーダム・コーカスのスポンサーは、コーク兄弟 Koch Brothers である。コーク兄弟は、チャールズ・コーク Charles Koch（1935年〜、88歳）とデイヴィッド・コーク David Koch（1940〜2019年、79歳で没）の兄弟のことで、アメリカの非上場企業では第2位の規模を持つ総合メーカーのコーク・インダストリーズ Koch Industries のオーナーである。2人の個人資産は2019年の段階で、それぞれ約420億ドル（約6兆3000億円）だ。コーク兄弟は、リバータリアニズム Libertarianism という政治思想を信奉している。リバータリアニズムは、「反福祉、反中央政府、反税金、個人主義」の政治思想である。

コーク兄弟は、様々な政治団体や慈善団体を作り、また、既存の組織や団体に多額の献金を行い、それらをネットワーク化し、そのネットワークを通じて、政治家たちに献金を行い、影響力を行使してきた。彼らのネットワークは、「コーク帝国 Koch Empire」「コクトパス Kochtopus（筆者註：コーク兄弟のネットワークをタコ octopus の足になぞらえている）」と呼ばれる。

コーク帝国の中心的な存在として、コーク家が創設した、リバータリアニズムを信奉するシンクタンクである「ケイトー研究所」と、保守系市民団体の「アメリカンズ・フォー・プロスペリティ（AFP）」がある。コーク兄弟は、AFPを通じて、反オバマ政権の運動として盛り上がったティーパーティー運動 Tea Party Movement に資金を提供し、ティーパーティー運動から出てきた議員たちがフリーダム・コーカスを結成したという流れだ。

2016年の大統領選挙では、チャールズ・コークはたびたびメディアに登場して、トランプを批判していた。トランプも反撃し、コーク兄弟がネットワークを使って政治に影響を与えていることを批判し、AFPの会合に出席するフリーダム・コーカス所属の議員たちに対して、「コークから金をもらいに行くんだろ」と揶揄《やゆ》したこともある。

フリーダム・コーカスの議員たちが、トランプ派のように行動する（最終的には別の行動を取るが）のは、選挙が怖いからだ。共和党所属の議員たち全員に言えることだが、彼らは表立ってトランプに反抗することなどできない。世論調査の数字を見ても分かるように、共和党支持の有権者の過半数はトランプ支持だからだ。

この有権者たちは議員の選挙にも当然投票するわけで、反トランプであったり、トランプから攻撃されたりするような議員たちに投票することはない。まず、共和党の候補者を決める予備選挙の時点で、負けてしまう。だから表向きはトランプに反抗しない、トランプに従っているふりをする。

共和党支持の有権者の間でのトランプの人気は非常に高い。そのため、共和党所属の議員たちの中で、トランプに表立って反抗できる議員はいない。表立って反対した議員は、選挙で落選してしまう。

その代表格が、リズ・チェイニー Liz Cheney（1966年～、57歳）だ。リズは、ジョージ・W・ブッシュ（子）政権で副大統領を務めた、ネオコンの総帥《そうすい》ディック・チェイニー Dick Cheney（1941年～、82歳）の娘で、連邦下院共和党の中で力をつけて、有力議員となりつつあった。しかし、トランプ大統領に対する弾劾に賛成し、反トランプの姿勢を鮮明にしたために、次の選挙では、共和党の候補者選びの予備選挙の時点で惨敗して、政界引退に追い込まれた。詳しい事情は、前著『悪魔のサイバー戦争をバイデン政権が始める』に書いた。

「大統領の犯罪」を隠蔽《いんぺい》するためにはどうしても勝たねばならないバイデン

来年2024年の大統領選挙の結果がどうなるかを今から正確に予想することは不可能だ。しかし、民主党全国委員会の動きや、ロバート・F・ケネディ・ジュニアの動きを見ていると、バイデンが2期目の大統領になるという雰囲気づくりを、民主党側が進めていることは分かる。高齢に対する不安もあって、有権者の多くがバイデン以外の候補者が良いと言っているのに、「民主党にはバイデンしか候補者はいないのだ」という雰囲気を作り出している。

さらに、ロバート・F・ケネディ・ジュニアが無所属で出馬し、トランプの得票を減らすということがかなり前から準備されていたことかどうかは分からない。しかし、実際に、トランプへの得票に影響を与える可能性が高くなっている。このようにして、バイデンの勝利に向かって進んでいる。

トランプが大統領に当選してしまうと、バイデン政権での政策は覆される。それどころか、バイデンと政権の高官たちはそろって逮捕されることになる。その理由は、第3章で詳しく書くが、ノルドストリーム・パイプライン爆破事件だ。トランプ政権になれば、バイデン政権下で実行された、ノルドストリーム爆破事件の調査が始まる。連邦議会も当然のこととして調査することになり、調査委員会が設置され、特別検察官が任命される。そして、「大統領の犯罪」が白日の下に曝《さら》される。バイデンと政府高官たちは逮捕される。

このことはどうしても防がねばならない。だから、バイデンは2024年の大統領選挙でどうしても勝たねばならない。そのために、合法、非合法、あらゆる手段を使って、選挙に勝つ。しかし、バイデンの勝利は、国民が支持しない大統領の誕生ということになり、「デモクラシーの本家本元」を自称してきたアメリカの民主政治体制の死となる。

第3章

ウクライナ戦争から見えてきた世界の分断

2022年2月24日、ロシア軍がウクライナ領内に侵攻し、ウクライナ戦争が始まった。そして、戦争は2年目の2023年も継続中だ。戦争の初期段階では、ロシアとウクライナによる停戦協議が行われていたが、現在は行われていない。

2022年5月に、ウクライナのヴォロディミール・ゼレンスキー大統領が、「クリミア半島を取り戻す」と宣言してしまった。ロシアが今回のウクライナ戦争で掌握している地域はもちろん、2014年にロシアが併合したクリミア半島も今回の戦争で取り返すのだと内外に広く宣言した。

ゼレンスキー大統領自身が、不可能な目標を定めて、戦争を終えることができない状況に自分たちを追い込んでしまった。クリミア半島の奪還などという荒唐無稽なことを言い続けて、戦争をいつまでも継続するのは世界にとって大迷惑である。ゼレンスキーを排除してでも停戦に導くのが、世界政治を動かす諸大国の果たすべき責任だ。

今回の、ウクライナ戦争勃発によって、世界が大きな転換点に差し掛かっていることが明らかになった。それは、世界が2つの大きなグループに分裂しつつあるということだ。そのグループ分けが鮮明になってきた。それは、「**西側諸国 the West《ザ・ウエスト》 対西側以外の国々 the Rest《ザ・レスト》**」という新たな構図である。

ウクライナ戦争は、ウクライナを支援する西側諸国と、表向きにはロシアを支援してはいないが裏では支援している西側以外の国々という構図になっている。西側諸国はこれから経済や政治の面で衰退・没落していく先進諸国だ。戦後世界で豊かな暮らしを享受《きょうじゅ》してきた、現在の先進諸国である西側諸国はこれから貧しくなっていく。日本も例外ではなく、貧困化が進んでいる。逆に、これまで貧乏な暮らしをしてきた、西側以外の国々はこれから元気に経済発展していく。

15世紀半ばに、大航海時代 The Great Navigation《ザ・グレイト・ナヴィゲーション》 が始まり、ポルトガルが世界帝国を築いてから約600年、欧米諸国が世界を支配してきた。ポルトガル、スペイン、オランダ、イギリス、アメリカといった国々が世界覇権国 hegemon《ヘジェモン》 として、自分たちの利益になるような形で、近代国際世界システムを築いた。この西洋が支配した600年が終焉の時期を迎えつつある。

ウクライナ戦争は、大きな構図で見れば、西側諸国と西側以外の国々の戦いになっている。表面上は、あくまで戦争地域はウクライナ国内に限定されており、世界各国が直接参戦する世界大戦ではない。しかし、実質的には世界は2つの陣営に分かれて戦っている状況だ。

本章ではウクライナ戦争を取り上げるが、私は軍事の専門家ではないので武器について詳しくないし、細かい戦況を書き連ねるのも退屈なだけである。ウクライナ国内政治などについても既に多くの本が出ている。私は、国際政治の観点からウクライナ戦争について書いていきたい。

長期膠着状態に陥っているウクライナ戦争の戦況

2022年2月24日、ロシア軍がウクライナ領内に侵攻し、ウクライナ戦争 Ukrainian《ユークレイニアン・》 War《ウォー》 が始まった。ロシア軍は同盟国ベラルーシ、ウクライナ東部のドンバス地方、そして、クリミアの三方向からウクライナ領内に侵攻した。ウクライナ軍の激しい抵抗とロシア軍の大きな被害（司令官クラスの将官の殺傷や部隊の壊滅など）、西側諸国からの支援もあり、ウクライナ北部に展開していたロシア軍は、3月末から戦線の整理と撤退を始めた。ウクライナの首都キエフは陥落しなかった。この時点でロシアは、ウクライナ東部と南部に注力することを決定した。

2022年5月21日に、ロシアはウクライナ南部にあるアゾフ海沿岸の都市マリウポリを掌握することに成功した。一方で、11月にはウクライナ南部ヘルソンをウクライナ軍が反転攻勢で奪還した。ロシア系住民が多い、ウクライナ東部のルハンスク州、ドネツク州（この2州でドンバス地方を形成）、ザポリージャ州、ヘルソン州の住民投票の結果を受けて、9月末には、ロシアが併合を宣言した。2022年秋頃から、戦況は大きく動かなくなり、膠着状態《こうちゃく》 stalemate《スティルメイト》 となった。

ロシアは併合した4州とクリミア半島からウクライナ南部地方を確実に押さえ、守備を固める戦略に転換し、それが成功している。ウクライナは2023年に入ると、「春になったら大攻勢をかけてロシア軍の占領地域を奪還する」という「春季大攻勢《しゅんきだいこうせい》 Spring《スプリング・》 Offensive《オフェンシヴ》」を行うと盛んに喧伝《けんでん》した。3月から始まった大攻勢であったが、今のところ（2023年11月現在）、結果は出ていない。

それは当然だ。守備を固めているところに、「春頃に大規模な攻勢をかけますよ」などと、西側諸国からの大規模な支援を期待して、大声で世界中に宣伝して回ったら、ロシア側に準備を整えさせる時間を与えただけだ。準備ができたところに、勇んで突撃をかけても、返り討ちにあって、被害を増やすだけのことだ。

2023年7月までの段階で、ウクライナとロシア両軍の死傷者数は、ロシアが30万人

（死者数18万人、負傷者数12万人）、ウクライナが20万（死者数7万、負傷者数13万人）と推計されている（「ウクライナ戦争、両軍の死傷者50万人に迫ると米推計＝ＮＹＴ」、ロイター、２０２３年8月19日）。

ロシアの現役兵員の数は約１２０万人（部分動員を行った）、ウクライナの現役兵員の数は約70万人（総動員 full mobilization《フル・モービライゼイション》を行った）となっている。もともとの戦力差と経験量を考えると、ロシア軍の方が圧倒しているはずだが、西側諸国の支援が相当にウクライナ軍を助けていることが分かる。

逆に言えば、ウクライナ軍単独では、まったく勝負にならないということだ。戦争の最初期の段階で、ウクライナ軍がロシア軍の進軍を阻み、キエフを守り切ったというのは、ウクライナ軍の大善戦だった。

西側諸国によるウクライナ支援について、ＣＮＮの報道によると、２０２３年7月末までの合計で、アメリカが合計約１１３０億ドル（約16兆７０００億円）で全体の47％を占めてトップだ。軍事面でも約４３０億８０００万ドル（約6兆７０００億円）で、こちらもトップである。

ＥＵ諸国は合計で全体の39％を占めている。これにイギリスやカナダなどのＥＵ非加盟の国を入れると、ウクライナ支援総計約２４０億ドル（約3兆６０００億円）のうち、９割以上は西側諸国から来ている（「ウクライナ支援：４つのチャートで見る資金の流れ」、ＣＮＮ、２０２３年10月6日）。

アメリカと西側諸国がどんどん最新兵器をウクライナに供与して、ウクライナ人に戦わせている。実質的には、ウクライナが西側諸国の代理として、ロシアと戦わされている代理戦争 proxy war《プロキシー・ウォー》だ。一番悲惨な目に遭っているのは、ウクライナ国民だ。

アメリカや西側諸国は、日本でもすっかり有名になった、携行式対戦車ミサイルのジャベリンや携行式対空ミサイルのスティンガー、エイブラムス戦車、ハープーンミサイル、パトリオット防空システムやドローンをウクライナに供与している。

ウクライナ側はこれに加えて、制空権の掌握のためにＦ16戦闘機の供与を求めてきたが、西側諸国は戦闘機を供与することに慎重姿勢を取った。それは、ウクライナ戦争がエスカレートし、周辺諸国に拡大することを懸念しているからだ。西側諸国が戦闘機を渡した時点で、ロシアが、戦争当事国、戦争参加国と認定すれば、最悪の場合には、ロシアから核兵器が飛んでくるかもしれない、と危惧している。

その後、ヨーロッパ諸国がアメリカのＦ16戦闘機の供与やウクライナ軍パイロットの訓練を行う意向を示し、アメリカもそれを容認し、協力していく姿勢を示している。ロイター通信は、「米当局筋は、訓練と機体の引き渡しには少なくとも1年半かかると見積もっている」と報じている（「米、ウクライナF16訓練を支援へ　バイデン氏がG7で表明＝当局者」、ロイター、2023年5月20日）。

アメリカとしては今後、いろいろと理由をつけて戦闘機引き渡しを引き延ばすこともできる。その間に、停戦交渉が成立すれば戦闘機の供与は行わなくて済む。西側諸国は、わがままな子供を宥《なだ》めすかすように、ウクライナをうまく利用して戦争を続けさせている。

戦争が始まった段階では、ロシア側も、ウクライナを支援する西側諸国も、お互いに理由は異なるが、戦争は早期に終結するだろうと見ていた。ロシア側からすれば、ウクライナ軍は脆弱で、精強なロシア軍が一気呵成《いっきかせい》に、ウクライナの首都キエフを占領すれば、ウクライナ政府は瓦解し、親露派の政府が樹立できると考えていた。

そのために油断もあったのだろうが、ロシア軍は、私たちが普段使っているような携帯電話で連絡を取り合って、それを西側諸国からハイテク兵器の支援を受けたウクライナ軍に簡単に傍受《ぼうじゅ》されて作戦行動が丸見えになってしまい、待ち伏せ作戦をされて、大きな被害を出した。

一方、西側諸国（G7諸国を中心にして）はロシア軍のウクライナ侵攻が2月24日に始まると、即座に種々の対ロシア制裁を科した。ロシアのオリガルヒ（ロシアの大富豪たち）や銀行に対して経済制裁が科された。具体的には、国際決済ネットワークであるSWIFTからのロシアの排除、オリガルヒの資産凍結、対ロシア輸出禁止、最恵国待遇の取り消しなどが実施された。また、ロシア産石油の輸入価格の上限設定やロシアからの輸入を2022年末までに停止することにも合意した。

ロシアにとって脅威となったのはロシアの外貨準備の凍結 freezing《フリージング》 だった。開戦当時の外貨準備高は、6400億ドル（約96兆円）だった。そのうちの半分がアメリカをはじめとする西側諸国によって凍結された。対外債務の支払いに使える外貨が少なくなり、最後にはロシア政府がデフォルトに陥ると言われていたが、そのような状態はまったく起きなかった。

また、経済制裁によって通貨ルーブルの価値が大暴落したが、ロシアの天然ガスの支払いをルーブルで行うようにすることで、ルーブルの価値は持ち直した。開戦前は1ドル＝80ルーブルだったが、開戦後には1ドル＝140ルーブルまでに下落した。その後は持ち直し、2022年5月の時点で1ドル＝60ルーブルと以前の水準を取り戻した（『プーチンを罠に嵌め、策略に陥れた英米ディープステイトはウクライナ戦争を第3次世界大戦にする』副島隆彦著、秀和システム、2022年7月、110〜112ページ）。
2022年の間は落ち着いていたが、2023年に入って、ルーブルの下落傾向が続いているが、1ドル＝90ルーブルぐらいの水準にとどまっている。西側諸国が仕掛けた経済面での戦いにロシアは耐えて勝ち切ることができた。西側諸国の経済面での敗北によって、ウクライナ戦争は長期化することになった。

西側諸国は、戦争初期段階でロシアからの石油を禁輸し、ロシアの在外資産を凍結し、ルーブルの価値を下落させれば、ロシア経済は圧迫を受け、戦争を継続できなくなり、ロシア軍は撤退するだろうと見ていた。また、脆弱とみられていたウクライナ軍が善戦し、ロシア軍の侵攻を食い止め、キエフを守り切った。

私は開戦当初から、ウクライナ軍がロシア軍のキエフへの進軍を阻止しているうちに、そして北部や東部でも戦禍が大きくならないうちに、ウクライナ側は、ロシアと停戦交渉を行って、停戦を行うべきだと考えた。
ロシア軍にウクライナ軍が予想よりも強力であるということを認識させ、戦争を続けては大変なことになると思わせることで、ウクライナ側にとっての有利な交渉ができ、ウクライナの希望が反映された内容で停戦ができるのではないかと考えた。しかし、双方の停戦交渉はうまくいかずに、戦争は現在も継続中だ。

結果として、1年半以上経過しても、ウクライナ戦争は続いている。しかも、戦線は膠着し、戦争はさらに長期化しそうな情勢だ。そうした中で、戦争当初は詳しく報じられた戦況もあまり報じられなくなっている。人々はもうウクライナ戦争に「飽きて」しまった。いまや世界の人々の目は、中東へ、イスラエルとハマスの紛争に注がれている。

アメリカ軍やNATOの評価が低い、そして自分勝手なウクライナ軍では勝てない

2023年4月、アメリカ国防総省の機密文書がインターネット上に流出した。100点余りの文書で、その中には、ロシア軍やウクライナ軍に対する評価、戦況に対する評価などが含まれていた。

また、ウクライナ軍の武器の種類や軍の配置などの情報もあり、アメリカの信頼を損な

う大事件だということで、世界中で報道された。

重要なのは、アメリカ国防総省・アメリカ軍が「ウクライナが東部を奪還することは難しい」と分析・評価をしていることだ（「米機密情報漏れ　ウクライナ軍の弱点をあけすけに指摘」、小田健、NEWS SOCRA、２０２３年4月26日）。

これは、世界の多くの人々が日々報道に接する中で、考えていた内容を、軍事のプロ中のプロであるアメリカ軍が裏付けたということになる。それなのに、アメリカはこれからも支援を続けねばならないというのは、なんとも厳しい状況だ。

さらに重要なのは、アメリカ軍やＮＡＴＯの司令官クラスが、ウクライナ軍の身勝手さに「呆れている」ことで、「あれでは戦争に勝てない」と評価していることだ（「ＮＡＴＯとウクライナ軍　戦局打開の「特別作戦」で衝突……秘密協議5時間の内幕とは【報道１９３０】」、TBS NEWS DIG Powered by JNN、２０２３年9月19日）。ＴＢＳの記事から以下に引用する。

元ＮＡＴＯの高官は、互いに不満をぶつけあう激しい攻防があったと証言しています。ＮＡＴＯとウクライナ軍は、なぜ衝突したのでしょうか。秘密協議の内幕です。

元NATO高官ジェイミー・シェイ氏「まずウクライナ側は、『もっと武器が必要だ』と会談で言いました。そして、彼らは、F16や射程距離の長い大砲、特にATACMS（エイタクムス）と呼ばれる兵器を要求しました。また、ロシア軍の後方の大砲陣地や兵站補給施設まで届くミサイル。例えばイギリスのストームシャドウの供与を増やすことを要求したのです。

（中略）

ウクライナ側は、『武器の供給が遅すぎる、控えめすぎる。もっと早く、もっと必要だ。武器には、より攻撃的な無人偵察機や、特に長距離砲、地上・空中の巡航ミサイルも含まれるが、これらを手に入れない限り、我々ができることは限られる』とNATO側に訴えた。

（中略）

しかし、これを聞いたイギリスやアメリカの将軍たちやNATOの欧州連合軍最高司令官・カボリ将軍らは、『ウクライナは戦術に関して我々の忠告を聞いているのだろうか』という気持ちがあったでしょう。何故なら、反転攻勢に際し、NATOからウクライナ側へのアドバイスは、『敵の最大の弱点である地点を選び、そこに攻撃を集中させる。そして防御に穴を開け、その穴を突く』というものでした。しかし、ウクライナはそれをやっていなかったからです。

（中略）

西側が常に言ってきたのは、『南部に兵力を集めて進軍する』という作戦でした。しかしウクライナはまだ明らかに東部のバフムトを取り戻そうとしていました。アメリカの助言は、『バフムトは重要ではない』というものでした。ウクライナ軍はそこであまりにも大きな損害を被っていました。ウクライナにとってバフムトは象徴的な存在になっていますが、アメリカは『頼むから、そこから一線を引いてくれ』と言っていたのです。しかしウクライナ人は誇り高い。自分のやり方でやりたいのです。

ＮＡＴＯ側は、『このようなピンポイント攻撃をさらに続ければ、ロシア軍に反攻を開始する準備の機会を与えてしまう。そうなると、あらゆる場所でその反攻を防ぐために多くの戦力を費やすことになる。だから、どうか集中して、一点を選び、そこを突破するために大きな戦力で挑んでほしい』とウクライナを説得したのです」

ＮＡＴＯ側が主張する戦略上の問題点と共にウクライナ側が考えなければならなかったのは……元ＮＡＴＯ高官 ジェイミー・シェイ氏「ウクライナは、兵器が欲しければ、戦術に従わなければなりません。それは明らかで、ウクライナはそれを理解したようです」

ウクライナ軍は、戦術のプロ中のプロであるＮＡＴＯの指揮官クラスの助言をまったく無視して、無駄な攻撃を繰り返していたようだ。それを見ていて、ＮＡＴＯの司令官たちは呆れて、武器が欲しいなら、自分たちの助言に従えと、ウクライナ側を怒鳴り上げたようだ。ウクライナ軍はプライドだけ高くて、戦術面で劣っており、被害だけ増やしているということが明らかになった。これでは、支援の無駄使いということにもなる。

武器は西側からもらい、命令も西側の指揮官たちから受けているということでは、とても「ウクライナの戦争」などとは言えない。繰り返しになるが、「西側諸国の代理戦争でロシアと戦っている」というだけのことで、一番被害を受けているのはウクライナ国民だ。

「ゼレンスキー疲れ」「ウクライナ疲れ」に陥ったヨーロッパとアメリカ

２０２２年６月15日、ヨーロッパ外交評議会のイヴァン・クラステフとマーク・レオナルドは興味深い論稿を発表した。その論稿のタイトルは、「平和対正義――ウクライナでの戦争をめぐりヨーロッパに姿を現しつつある分裂」だ。

著者たちは、ウクライナ戦争が始まって、100日余りが過ぎた段階で、全ヨーロッパ諸国で世論調査を実施し、その結果を分析した。そして、論稿の中で、ウクライナ戦争継続を支持する人々を「正義 justice《ジャスティス》 を求める人々、正義派」とし、即時停戦を求める人々を「平和 peace《ピース》 を求める人々、平和派」と規定した。

そして、著者たちは「ヨーロッパの人々は、ウクライナ戦争支援とロシアへの制裁で意見が一致していたが、時間の経過と共に、分裂している」「ポーランドを除くすべてのヨーロッパの国で平和派の方が正義派よりも大きくなっている」と結論づけた。

論稿では、世論調査の結果として、ヨーロッパ全体で、正義派が22%、平和派が35%、どちらでもないが20%となっていると紹介されている。各国での割合で、イタリアでは平和派が52%、正義派が16%、ルーマニアでは平和派が42%、正義派が23%で、フランスでは平和派が41%、正義派が20%であり、ポーランドでは平和派が16%、正義派が41%、イギリスでは平和派が22%、正義派が21%だった。

興味深いのは、第二次世界大戦で枢軸国 the Axis《ジ・アクシス》 側だった国々では平和派が圧倒的に多いということだ。また、ウクライナ支援に前のめりの姿勢を取っているイギリスとポーランドでは、やはり正義派が多いということになる。また、「生活費とエネルギーコストの上昇」と「ロシアによる核兵器の使用」を懸念している人々の割合が61%ずつだったことも分かった。

ウクライナ戦争が始まって100日余りが過ぎただけの段階で既に、ヨーロッパでは、「生活費やエネルギーコストが上昇して、ロシアが核兵器を使う脅威もあるので、ウクライナ戦争は停戦して欲しい」と考えている人々が増えていることが明らかになった。

その後、同様の調査は行われていないが、停戦を求める平和派の割合はさらに増えているのは間違いない。3兆円を超えるウクライナ支援のお金は、西側諸国の人々の血税である。もういい加減にして欲しい、というのが本音だろう。人々は戦争に疲れている。「ウクライナ疲れ Ukraine《ユークレイン》 fatigue《ファティーグ》」の状態にある。

ウクライナ戦争が2年目に入り、「ゼレンスキー疲れ Zelensky fatigue《ファティーグ》」という言葉も聞かれるようになった。ゼレンスキーは戦争初期段階では、インターネットを通じて、その後は実際に訪問する形で、世界各国の議会で演説を行ったり、首脳会談を行ったりしてきた。戦争を戦っている大統領であるからもちろんニコニコしろとは言えないが、あの陰鬱な表情で、「お前たちの支援が足りないから困っている。もっと支援を寄こせ。支援を寄こさないのはロシアに味方をしているのと同じだ」と傲慢に責め立てる内容を聞かされて、人々は、ゼレンスキーの姿をテレビで見て、その言葉を聞くのに疲れ果てている。

アメリカ国民も戦争に疲れている。CNNが2023年8月に発表したアメリカ国内の世論調査の結果によると、55%が連邦議会はこれ以上の追加の支援をウクライナに行うべきではないと答え、45%がさらなる支援を行うべきだと答えた。また、51%がアメリカは、これまでに十分な支援をウクライナに行った（これ以上はいらない）と答え、48%がさらなる支援をすべきだと答えた。2022年2月、開戦直後の世論調査では、62%が支援すべきだと答えていた（「CNN世論調査：アメリカ国民の過半数がロシアとの戦争中のウクライナに対するさらなる支援に反対」、ジェニファー・アジエスタ、CNN 2023年8月4日）。

党派性で見てみると、共和党支持者の71%が連邦議会は新たな支援予算を認めるべきではないと答え、59%がアメリカはこれまでに十分にウクライナに支援したと答えている。一方、民主党支持者の61%が連邦議会は新たな支援予算を認めるべきだと答え、61%がアメリカはこれからさらに支援をすべきだと答えている。

イデオロギー面で見てみると、さらなる支援予算を与えるべきかという質問に対して、リベラルな民主党支持者の71%がイエスと答えた。一方、中道、もしくは保守的な民主党支持者は51%がイエスと答えた。

保守的な共和党支持者の76％はさらなる支援予算を認めるべきではないと答え、中道、もしくはリベラルな共和党支持者の61％が支援予算を認めるべきではないと答えた。無党派では55％がさらなる支援予算に反対し、56％がアメリカはこれまで十分にウクライナを支援してきたと答えている。アメリカがウクライナに対する最大の支援国となっているが、政府の行っていることと国民の考えの間には大きな乖離《かいり》が存在する。

アメリカ連邦下院では、ウクライナ支援予算が否決されたが、この世論調査の結果を見れば、アメリカ国民の多数の意見を議会がきちんと反映している。議員たちの「アメリカ国民の過半数が反対している、もしくは共和党支持の有権者の多くが反対していることに自分たちも反対する」という感覚は至極まっとうなことだ。

国際関係論の大物学者ミアシャイマーが「ウクライナ戦争の責任は、アメリカとNATOにある」と喝破

戦争勃発直後から、ウクライナ戦争の根本原因はどこにあるか、ということが盛んに論じられてきた。世界各国で、そして日本で、ロシアを一方的に非難する主張が溢れかえる

中で、「いや、ウクライナ戦争の責任はあげてアメリカと西側諸国にある」とウクライナ戦争開戦直後から訴えているのが、シカゴ大学教授ジョン・J・ミアシャイマー John J. Mearsheimer（1947年～、76歳）だ。

ミアシャイマーは、数々の論稿や講演会で、繰り返し、「ウクライナ戦争の責任はアメリカにある」と主張している。しかし、アメリカの主流メディアは、ミアシャイマーの主張を肯定的に報道していない。

ミアシャイマーは、ハーヴァード大学教授のスティーヴン・M・ウォルト Stephen M. Walt（1955年～、68歳）教授と一緒に『イスラエル・ロビーとアメリカの外交政策Ｉ・Ⅱ』（講談社、2007年）を書いた人物だ。また、日本語で読める文献としては、『新装完全版 大国政治の悲劇』『なぜリーダーはウソをつくのか――国際政治で使われる5つの「戦略的なウソ」』がある。国際関係論の中でもリアリズム Realism という流れに属する学者だ。

『ニューヨーカー』誌に、2022年3月1日付で、ミアシャイマーのインタヴュー記事が「ジョン・ミアシャイマーはなぜウクライナ危機をアメリカの責任だと批判するのか」

というタイトルで掲載された（筆者・インタヴュアーはアイザック・コテイナー記者）。日付とタイトルに注目してもらいたいが、2月24日の開戦から1週間もたっていない段階で、アメリカの責任を主張し、それが話題になっていることが分かる。

この記事は無料で読め、ミアシャイマーの主張がコンパクトにまとめられている。タイトルの英文をインターネットで検索すれば、記事を簡単に見つけられる。興味のある方は、是非読んでいただきたい。ここでは、この記事を使ってミアシャイマーの主張を簡単に見ていきたい。

ジョン・J・ミアシャイマー（1947年〜、76歳）
国際関係論のリアリズム学派の大物。ウクライナ戦争前から、アメリカの海外への介入を批判してきた。ウクライナ戦争について、アメリカと西側諸国の責任を厳しく追及。

コテイナーは記事の冒頭でミアシャイ

マーについて紹介している。そして、ミアシャイマーが長年にわたり、「アメリカがＮＡＴＯの東方への拡大 to expand NATO eastward《トゥ・エクスパンド・ネイトー・イーストワード》 やウクライナとの友好関係を推進した結果、核武装した大国間の戦争の可能性が高まり、ウラジーミル・プーティンのウクライナに対する攻撃的姿勢の下地ができた」と主張してきた。実際、ロシアがクリミアを併合した後の２０１４年、ミアシャイマーは「この危機の責任の大半はアメリカとヨーロッパの同盟国が負っている」と書いている。

ミアシャイマーは、ウクライナ戦争が起きる前から、ウクライナをめぐる情勢は、アメリカの介入主義 Interventionism《インターヴェンショニズム》 に基づいた政策のために、戦争の危険が高まっていると主張していた。インタヴュー記事の中のミアシャイマーの発言で、重要な部分を以下に抜粋する。

しかし、現実の世界では、それは不可能なことなのだ。ロシア人が自分たちに何を求めているのかに真剣に耳を傾けることがウクライナ人にとっての国益となるのだ。もし、根本的なところでロシアを疎外するようなことがあれば、大変なリスクを負うことになる。ウクライナがアメリカや西ヨーロッパの同盟諸国と協調していることが、ロシアにとって存亡に関わる危機であるとロシア側が考えるなら、それはウクライナに甚大な損害を与えることになる。もちろん、現在まさにそれが起こっている。従って、私の主張は、ウクライナにとって賢明な戦略は、西側諸国、特にアメリカとの緊密な関係を断ち、ロシアに近づくことだ、ということだ。もしＮＡＴＯを東方に拡大してウクライナを含めるという決定がなければ、クリミアとドンバスは現在もウクライナの一部であり、ウクライナでの戦争もなかっただろう。

（中略）

２００８年４月、ルーマニアのブカレストで開催されたＮＡＴＯサミットで、ＮＡＴＯはウクライナとグルジアをＮＡＴＯの一部にするだろうという声明を発表したのが、この問題の始まりだと考える。ロシアは当時、これを存亡に関わる危機 existential threat《エグジステンシャル・スレット》 と見なし、越えてはならない一線を明確に設定した。それでも、時間の経過とともに何が起こったかと言うと、ウクライナをロシアとの国境の西側の防波堤 bulwark《ブルワーク》 にするために、ウクライナを西側に入れるという方向に進んだ。もちろん、これはＮＡＴＯの拡大だけではない。ＮＡＴＯの拡大は戦略の中心だが、ＥＵの拡大も含まれるし、ウクライナを親米の自由主義民主政治体制国家 pro-American liberal democracy《プロ・アメリカン・リベラル・デモクラシー》 に変えることも含まれ、ロシアから見れば、これは存亡に関わる危機なのだ。

（中略）

ウクライナが親米的な自由主義的民主政治体制国家になり、NATOに加盟し、EUに加盟すれば、ロシアは断固としてそれを容認しないだろう。もしNATOの拡大やEUの拡大がなく、ウクライナが単に自由主義的民主政治体制国家となり、アメリカや西側諸国と一般的に友好的であれば、おそらくそれで済ませることができるだろう。ここでは、3つの戦略が存在することを理解する必要がある。EUの拡大、NATOの拡大、そしてウクライナを親米的な自由主義的民主政治体制国家にすることだ。

（中略）

それは帝国主義 imperialism《インペリアリズム》 ではなく、大国間政治 great-power politics《グレート・パウア・ポリティックス》 だ。ウクライナのような国が、ロシアのような大国の隣に住んでいる場合、ロシアが何を考えているのか、注意深く観察しなければならない。棒で相手の目を突けば報復されるだろう。西半球の国々は、アメリカに関して、このことを十分に理解している。

（中略）

私は、ロシアが長期的にウクライナを占領するとは思えないと言ったのだ。しかし、はっきりさせておきたいのは、少なくともドンバスは占領するだろうし、できればウクライナの最東部をこれ以上占領しないだろうと言いたい。ロシア人は頭が良いので、

ウクライナの全土占領を行うことはないと考える。（翻訳は引用者）

ミアシャイマーは、ウクライナが中立化することなく、アメリカやＮＡＴＯの支援を受けて、軍備を増強し、結果としてロシアに脅威を与えたことがウクライナ戦争の原因だと鋭く指摘している。オバマ政権で副大統領だったバイデンは、ウクライナをたびたび訪問し、ウクライナへの軍事支援、ウクライナ軍の軍備増強を進めていた。ＮＡＴＯに加盟していなくても、実質的な加盟国のように扱っていた。長年にわたり、ロシアはそのことに危機感を募らせてきた。

それでも、プーティン大統領は、ウクライナがＮＡＴＯに加盟しなければ、ＥＵに加盟しても良いと述べていた。これは大きな妥協だ。経済活動を主にするならば、それを認めるということだ。ＥＵ側はウクライナからの加盟申請を長く放置して、現在も加盟を認めていない。それは、ウクライナが加盟してしまえば、自分たちがロシアとの戦争に巻き込まれると考えているからだ。そして、経済停滞が酷く、汚職が蔓延し、戦争前から国民が次々と脱出していたウクライナのような国を加盟させることはＥＵの負担が増えることだとして、ウクライナのＥＵ加盟を敬遠していた。そのことを見越して、プーティンは「Ｅ

Uに加盟したら良いではないか（EUが加盟を認めてくれるならば）」と発言していた。

しかし、ウクライナのNATO加盟は別だ。また、実質的なNATO加盟国化も看過できない状況だった。

西側諸国が、ウクライナに対して、NATO加盟はさせないようにしながら、実質的には加盟国化して、武器増強を続けると、ロシアも対応しきれないところまで進んでしまうということで、「まだ力の差があるうちに」、ロシアはウクライナに侵攻したということになる。ロシアの危機感を過小評価し、ウクライナへの軍事支援を行って、ロシアの危機感を煽り続けた、アメリカと西側諸国の「火遊び」が、ウクライナと世界を不幸に陥れた。

ヘンリー・キッシンジャーの提示する「落としどころ」が停戦の基本線

ヘンリー・キッシンジャー Henry Kissinger（1923年～2023年、100歳で没）元米国務長官は死の直前まで世界大戦を防ぐために影響力を行使し続けた。
アメリカ国務省の叩き上げの幹部には、キッシンジャー派が多く残っている。彼らは、米中対立を激化させないように苦心している。キッシンジャーは、たびたび中国やロシアを訪問し、習近平国家主席やウラジーミル・プーティン大統領と面会し、助言を行った。キッシンジャーほど長期間にわたって、国際政治の舞台で活躍を続ける人物はこれまでいなかったし、これからも出ないだろう。

２０２２年5月23日にスイスのダヴォスで開催された世界経済フォーラム（ＷＥＦ）、通称ダヴォス会議に、キッシンジャーはオンラインで参加した。キッシンジャーは、ウクライナ戦争について、ウクライナ戦争開戦前の状態に戻り、そこから交渉を始め、停戦を実現すべきだと主張した。

ウクライナ戦争前の状態とは、２０１４年のロシアによるクリミア併合以降の、ウクライナ東部のドンバス地方でロシア系住民の多い地域が自治を行っているという状態から始めるということだ。そして、キッシンジャーは、ウクライナは譲歩すべきだと述べた。これがウクライナ戦争停戦の条件ということになる。

しかし、ウクライナの譲歩の内容については言及していない。それは交渉次第ということだからだ。しかし、キッシンジャーの発言が「ウクライナに領土を諦めろ」という、ロシア寄りの内容だという報道がなされたことで批判の声が上がった。

興味深いのは、キッシンジャーの発言が、『ニューヨーク・タイムズ』紙の2022年5月19日付論説記事「ウクライナでの戦争は複雑化している、そして、アメリカはそれに対する準備ができていない」と絡《から》めて語られることが多かったことだ。

いくつかの記事では、キッシンジャーの発言内容を紹介し、さらに「ニューヨーク・タイムズもこう言っている」という形で、ニューヨーク・タイムズが停戦を主張していることも紹介していた。この時期、プーティン大統領は核兵器使用についても言及していた。アメリカのエリートたちは本気でビビっていたのだ。さらには、ヨーロッパ諸国では急に「ロシアは隣人だ」などと指導者層が発言するようになった。ヨーロッパのエリートたちも本気で顔面蒼白になっていた。彼らの本音は、「ウクライナ戦争は失敗だ。早く終わらせたい」である。

ウクライナ側では当然のことながら、こうした停戦を求める声に対して激しい反発が出た。ヴォロディミール・ゼレンスキー大統領は、「キッシンジャーは遠い過去から姿を現し、ウクライナの一部をロシアに与えるべきだと発言した」「キッシンジャーのカレンダーは2022年ではなく1938年だ（引用者註：これは、ナチスドイツがチェコスロヴァキア西部の土地を併合することを認めたミュンヘン協定にちなむ）」と述べた。

ゼレンスキーは加えて「すべての領土を回復するまで戦う」と発言した（「ゼレンスキーはキッシンジャーによるウクライナが領土の一部をロシアに譲歩するという提案を拒絶」、ブラッド・ドレス、ザ・ヒル、2022年5月25日）。

これは非常に重要な発言だ。ゼレンスキーの述べる「すべての領土」には2014年以降、ロシアに併合されているクリミア半島、自治区となっている東部地域も含まれ、これらを完全に回復するということだ。2014年以降に抱えた問題をこの戦争の機会を利用して一気

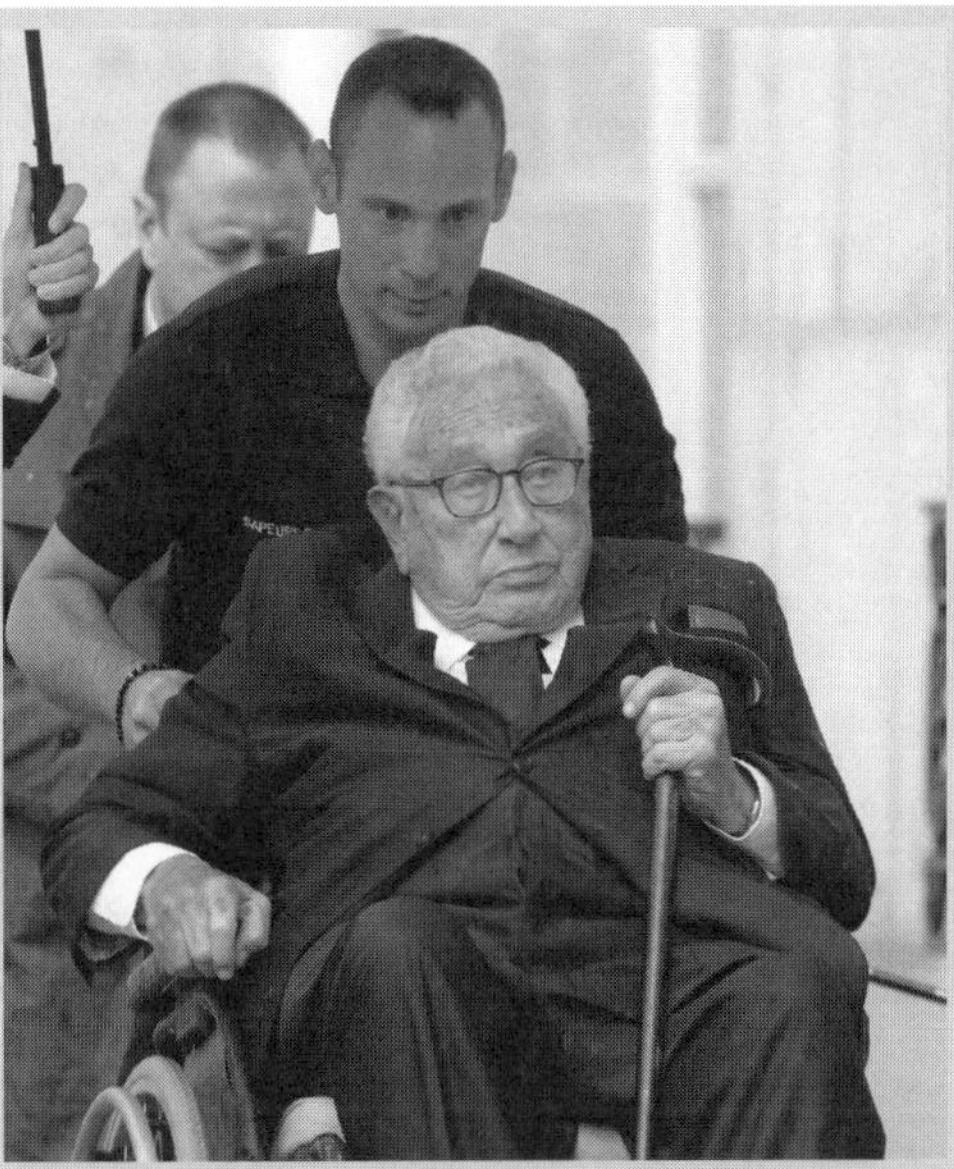

ヘンリー・キッシンジャー（1923～2023年、100歳で没）
アメリカ外交史上に輝かしい業績を残した大巨人。米中露の間をつなぎ、世界大戦の発生を防いだ。彼の死で世界は不安定になるだろう。

に武力解決する、そのために戦争を継続するということになる。

以前だったら支援などしてもらえなかったのに、今回の戦争でもらった大量の武器とお金を使って、ウクライナ戦争が始まる前の状況に戻すだけではなく、一気に２０１４年の際に奪われた領土も取り返そうという、火事場泥棒《かじばどろぼう》的な考えである。アメリカをはじめとする西側諸国は、ウクライナのこの火事場泥棒的な考えのために、戦争が長期化しても支援を続けねばならなくなり、戦争の泥沼に引きずり込まれた。

キッシンジャーは、２０２２年12月にも、「再びの世界大戦を避ける方法」(『スペクテイター』誌)という論稿を発表し、ウクライナ側の譲歩による停戦を訴えた。キッシンジャーは記事の中で、第一次世界大戦について言及しながら、７月のダヴォス会議の場での発言と同様のことを書いている。以下に重要な部分を引用する。

このプロセスは、ウクライナのＮＡＴＯ加盟に関する当初の問題を根底から覆した。ウクライナは、アメリカとその同盟諸国によって装備された、ヨーロッパで最大かつ最も効果的な陸軍の一つを保持している。和平プロセスは、ウクライナとＮＡＴＯをつなげるべきである。特にフィンランドとスウェーデンがＮＡＴＯに加盟した後では、中立 neutrality《ニュートラリティー》という選択肢はもはや意味がない。だからこそ私は2022年5月、2022年2月24日に戦争が始まった国境線に沿って停戦ライン ceasefire line《シースファイア・ライン》を設定することを提案した。ロシアはそこから征服を放棄するが、クリミアを含む10年近く前に占領した領土は放棄しない。その領土は停戦後の交渉の対象となりうる。

戦前のウクライナとロシアの分断線 dividing line《ディヴァイディング・ライン》が、戦闘によっても交渉によっても達成できない場合は、自決の原則 principle of self-determination《プリンシプル・オブ・セルフ・ディタミネイション》に頼ることも考えられる。自決に関する国際的な監督下にある住民投票 referendums《レファレンダムス》は、何世紀にもわたって何度も政権が交代してきた特に分裂の多い地域に適用される可能性がある。

和平プロセスの目的は2つある。ウクライナの自由を確認することと、新しい国際構造、特に中央・東ヨーロッパの構造を定義することである。最終的にロシアは、そのような秩序の中に居場所を見つけることになる。（翻訳は引用者）

キッシンジャーは、2022年2月24日にウクライナ戦争が開戦した時点での状態に戻ってそこを停戦ラインにすることを主張している。そして、ウクライナ東部については住民投票で決めるべきとし、クリミア半島に関しては、ロシアは放棄することはないだろうが、それは停戦後の交渉次第だと述べている。

キッシンジャーはウクライナに対して大幅に譲歩をせよと主張しているのではなく、まずは、開戦前の状態に戻って停戦し、交渉せよと述べている。しかし、ウクライナ側は激しく反発し、いかなる譲歩もしないし、その上にクリミア半島まで取り戻すということを明言してしまった。これで、停戦は遠のいた。


キッシンジャーの発言内容が停戦交渉の基本線となるはずだった。ウクライナは、開戦直後から数カ月、キエフを守り切った段階であれば、何らかの、自分たちにとって有利な条件（東部は自治領とするなど）で停戦することもできただろう。私は自身のブログで、2023年3月初めに、ウクライナ軍が善戦しているうちに、停戦交渉を行うべきだと書いた。

しかし、今となっては、ロシアとの交渉を行っても、ウクライナ東部のロシア併合を認め、クリミア半島は完全に諦めねばならない状況になっている。それでは、ウクライナは「敗北」を認めることになる。従って、ウクライナ戦争はこれからも続くということになる。

2022年の夏前、被害や損失が拡大する前が停戦のチャンスであった。しかし、もう手遅れであり、ウクライナもアメリカも、これまでに被った被害や損失（「埋没費用sunk《サンク》 cost《コスト》」）が大きくなり過ぎて、手を引けない状況になっている。

「世界の武器庫」であるべき西側諸国、特にアメリカの武器増産が進まずに武器不足に陥る

西側諸国は経済力があり、生産力も高く、ウクライナに、資金が続く限り、どれだけでも武器を支援できると私たちは考えがちだ。しかし、ウクライナ戦争が長引く中で、生産能力に限界があり、昨年から自国の防衛装備不足まで起こしている状態だということは日本ではあまり報道されない。

西側諸国が武器を送れなくなってしまえば、武器の代わりに、ドル紙幣やユーロ紙幣を送ってみても、最前線では何の役にも立たない。戦争は継続できないことになる。ウクライナは完全に西側のお金と武器で戦っているので、それらがなくなれば、停戦するしかなくなる。

アメリカの外交専門誌である『フォーリン・ポリシー』誌に「ウクライナの武器を求め

る姿勢が西側諸国の武器備蓄を減少させている」（ジャック・ディッチ、エイミー・マキノン、２０２２年11月16日）という記事が掲載された。この記事から重要な部分を抜粋する。

アメリカや他のＮＡＴＯ諸国は、２０１４年のロシアによるクリミア併合を契機に、欧米諸国の防衛関連企業に生産量を増やすよう働きかけている。しかし、現職や元職の高官やアナリストによると、防衛関連企業は、武器に対する欲望が高まる時代が今後も続くという確証を待てないために、対応が遅れているということだ。

（中略）

２０１５年まで米国防総省の戦力構造・投資部門のチーフを務めたマーク・カンシアンは、「彼ら（引用者註：軍事産業）が言うのは、根本問題として、金を見せてくれということだ。彼らは、戦争が終わり、注文がなくなり、拡張された工場に注文がなくなることを恐れている」。生産のボトルネックになっているのは、重要な原材料の価格上昇と熟練労働者不足だ。

（中略）

ウクライナへの軍事援助がアメリカの比ではない、ドイツなど一部の国はウクライナに送る古い戦車の整備さえも渋っている。ヨーロッパ本土では、防衛関連産業を戦争状態に戻すような動員を指導者たちは望んでいない。また、大学で学んだ技術者、設計者、安全や環境の専門家などの熟練労働者たちは、不況になれば真っ先に切り捨てられることを恐れ、防衛関連産業に就職したがらないことが多い。（翻訳は引用者）

同時期にCNN日本版では、「ウクライナ向け兵器の残存量手薄に、製造能力にも問題　米」（CNN日本版、2022年11月19日）という記事が掲載された。この記事の中にも次のような重要なことが書かれている。

ウクライナの提供要請に応える上で残存量に懸念が生じている兵器には、155ミリ榴弾《りゅうだん》砲の弾薬や携行式の地対空ミサイル「スティンガー」が含まれる。

さらに、対レーダーミサイル、誘導型多連装ロケット発射システムや歩兵が持ち運べる対戦車ミサイル「ジャベリン」の追加の生産能力への疑念も出ているという。米はこれら兵器などの生産能力の強化に動いている。

米軍がアフガニスタンから全面撤退し、イラクでの軍事作戦では顧問的な役割にとどまっている中で、米国はここ20年では初めて、紛争に直接介入しない事態を迎えている。それだけに戦争に備えて兵器弾薬を製造する必要性がなく、戦闘が長引く正規軍同士による組織的な交戦に欠くことができない物資の量的確保も進めていない。

ウクライナ戦争が始まる前から、西側諸国では、戦争に備えて、軍事産業に増産を求めてきたが、軍事産業としては、生産能力を拡大しても、戦争が終わってしまえば、武器の需要は減って、拡大した生産能力（工場や機械、人員）が無駄になってしまうという恐れがあるために、拡大に踏み切れない。また、雇用の面でも、知識や技術のある人たちにとって、いつ解雇されるか分からない軍事産業は魅力的な就職先にならない。そのために、生産能力が拡大しない。そうした中でウクライナ戦争が始まってしまい、急な生産力拡大もできない中で、ウクライナに武器を送り続けたため、西側諸国自身の防衛に必要な武器貯蔵量を下回るという懸念が生じた。

ウクライナ軍が使用して効果を上げて、日本でも有名になった携行式地対空ミサイルのスティンガー、対レーダーミサイル、携行式の対戦車ミサイルであるジャベリンの供給に

不安が高まっていることを西側諸国の政府関係者が認めている

そもそもアメリカの工業生産力はかなり低い。『問題はロシアより、むしろアメリカだ』（エマニュエル・トッド、池上彰著、朝日新書、２０２３年）の中で、エマニュエル・トッドは、「グローバル化した世界のなかで、例えば工作機械の分野では、中国は約30％を占めています。一方で、日本は約15％、ドイツもだいたい同じ約15％。イタリア、アメリカに至っては7％、8％なんですね」（76ページ）と述べ、さらには、これはあくまで仮説だとしながらも、アメリカやＮＡＴＯの国々が負ける可能性があることに言及している。アメリカでは、もの作りができない、ということは武器の増産体制を構築することも困難だということになる。

そこでお鉢が回ってくるのは日本ということになる。第1章で紹介した、マーク・エスパー前国防長官は、産経新聞のインタヴューに対して、「対ウクライナ支援で弾薬・兵器の需要急増に産業側が対応できない問題が浮き彫りになったことを踏まえ、日米で防衛装備品の共同生産を進めるべきだとの考えを示した」と述べたということだ（「武器不足問題で日米は共同生産推進を　エスパー前米国防長官」産経新聞、２０２３年6月3日）。

エスパーは1986年に陸軍士官学校を卒業後、陸軍将校として第一次湾岸戦争に従軍した。その後は、ロビイストとして活動し、後には国防産業大手のレイセオンの副社長を務めた。トランプ政権で陸軍長官、国防長官を歴任した。国防畑の大物だ。

アメリカ国内では、製造業は壊滅している。なんでもかんでも外国にアウトソーシングしてしまっている。ついには武器すらも自分たちの国では増産ができない状況にまでなっている。

第二次世界大戦の期間中、アメリカはヨーロッパと太平洋で戦いながら、生産力をフル稼働し、イギリスやソ連へ膨大な支援を行った。フランクリン・D・ルーズヴェルト大統領は1940年に「民主政治体制防衛のための兵器廠《へいきしょう》 arsenal《アーセナル》 of democracy」という言葉を使った。最近ではバイデン大統領もウクライナとイスラエルへの支援を訴える演説の中で、この言葉を使っている。しかし、第二次世界大戦中のアメリカは、兵器廠そのものだったが、今のアメリカに当時のような力はない。

アメリカは、日本とドイツの生産力に頼ろうとしている。ドイツは、主力戦車レオパルト2をウクライナに供与している。日本もそのうちに武器を大量にウクライナに供与せよというお達しが届くだろう。これらにかかるお金は日本人持ちだ。

日本はアメリカの完全な属国であるので、アメリカの意向に唯々諾々と従うことは間違いない。一方で、ドイツがどこまでアメリカに従うかは不明確だ。それは、ドイツがアメリカによって、国民生活にとって必要不可欠な、天然ガスのパイプラインである「ノルドストリーム」を攻撃・破壊されたからだ。

「大統領の犯罪」ノルドストリーム爆破事件——アメリカは平気で自分の同盟諸国を苦境に陥れる

２０２２年9月26日、ロシアとドイツをつなぐ、天然ガスを運ぶためのパイプラインのノルドストリーム１・２ Nord Stream 1・2 が爆破され、使用不能に陥った。バルト海を通るこのパイプラインは２０１１年に開通した。ロシアの天然ガス大手のガスプロム Gazprom とドイツの複数の企業が所有している施設だ。

ドイツはロシアから安い天然ガスを輸入し、国内消費に回すだけでなく、ヨーロッパ各国に輸出して利益を得ていた。ウクライナ戦争勃発後も、ロシアの天然ガスに依存していたヨーロッパ諸国は、ロシアに対して経済制裁を行い、ロシアの天然資源依存から脱却すると言いながら、天然ガスの輸入は続けていた。

ノルドストリーム爆破については、１年以上経過した、２０２３年10月2日に日本のN

HKがインターネット版に、「実行犯はウクライナ？　ロシア？　ノルドストリーム爆破の真相は？」と題する記事を発表した。

NHKは、爆破の実行犯について、ウクライナ説、ロシア説、アメリカ説があることを紹介している。その中で、ドイツの有力紙『シュピーゲル』が、徹底的な調査を行い、「アンドロメダ」というヨットに乗ったウクライナの特殊部隊所属の工作員がパイプラインを爆破したと報じているとしながらも、一方で、ウクライナ説に否定的な意見も紹介している。結局のところ、真相は「藪《やぶ》の中」ということで、お茶を濁している。

ウクライナの工作員による爆破説にはそもそも信ぴょう性がない。ウクライナはバルト海に面しておらず、バルト海に関する細かい情報は持っていない。また、バルト海で作戦行動を行うためには、バルト海沿岸に面した地点に拠点を設けねばならない。準備のためには数カ月は必要になるから、その間に怪しい動きをしていれば、地元の人々（特に漁民たち）から疑いの目で見られ、地元警察に通報されるという危険もある。

日本でもそうだが、都市部ではない田舎では、人の出入りは目立ち、地元住民は見知らぬ人間の出入りに敏感だ。こうした理由からウクライナ説は無理がある。ロシア説もまた根拠が薄弱だ。ロシアにとっては、重要な資金（外貨）を得るためのパイプラインだ。それを破壊して得られる利益よりも損失の方が大きいという単純な計算が成り立つ。

ここで大いに信ぴょう性を持つのがアメリカによる爆破説だ。ノルドストリーム爆破を行ったのがアメリカだという報道を行ったのは、アメリカの有名なジャーナリストであるシーモア・ハーシュ Seymour Hersh（1937年〜、86歳）だ。彼の著作は日本でも翻訳されている。

ハーシュはシカゴ大学卒業後、フリーランスのジャーナリストになり、ヴェトナム戦争を取材、アメリカ軍によるソンミ村虐殺事件をスクープする記事を書き、1970年にピューリッツァー賞を受賞した。その後も、ソ連による大韓航空機撃墜事件（1983年）や米軍によるアブグレイブ刑務所での捕虜虐待事件（2004年）を報道し、高い評価を得ているヴェテランだ。

ハーシュが「ノルドストリームを爆破したのはアメリカだ」と報じたことは、ドイツをはじめとするヨーロッパ諸国では注目を集めたが、アメリカの主要メディアでは黙殺された。

ここからは、ハーシュが、2023年2月8日に、自身のウェブサイトに掲載した論稿「アメリカはどのようにしてノルドストリーム・パイプラインを破壊したか」（https://

seymourhersh.substack.com/p/how-america-took-out-the-nord-stream）の内容を要約して、アメリカがどのようにして、ノルドストリームを爆破したかをご紹介したい。

アメリカは以前から、ヨーロッパがノルドストリームを通じてロシアから輸出される安価な天然ガスに依存していることに懸念を持っており、何としても止めさせたいと考えていた。そこで、ノルドストリームを爆破することで、ドイツとロシアの関係を物理的に遮断し、アメリカ依存に引き戻すという一挙両得の秘密作戦を実行した。

バイデン大統領の命令を受け、各官庁から集められたスタッフたちのプロジェクトチームが立ち上げられた。国家安全保障問題担当大統領補佐官のジェイク・サリヴァンが長となってチームを立ち上げ、ＣＩＡが具体的な内容を提案して実行されることになった。

ハーシュは、ノルドストリーム破壊作戦の責任者として、ジェイク・サリヴァン、アントニー・ブリンケン国務長官、ヴィクトリア・ヌーランド国務次官の名前を挙げている。ノルドストリーム爆破は、こうしたアメリカの最高権力者たちによる、「権力者共同謀議《けんりょくしゃきょうどうぼうぎ》 conspiracy《コンスピラシー》」によって起きた犯罪である。

ここで、ヌーランドについて説明しておかねばならない。

ヴィクトリア・ヌーランド Victoria Nuland（１９６１年〜、62歳）は、「アメリカの凶暴さ」を体現した外交官である。ヌーランドは1983年に東部の名門、アイヴィーリーグを構成するブラウン大学を卒業し、国務省に入った職業外交官だ。2003年から2005年まで、ディック・チェイニー副大統領の外交政策担当筆頭副補佐官、2005年から2008年まで、北大西洋条約機構常任委員代表（NATO大使）、2011年から2013年まで国務省報道官を歴任した。

2013年から2017年まで、ヨーロッパ・ユーラシア担当国務次官補を務めた。この時期に、ヌーランドがウクライナで親米・反ロシア勢力を裏で操った。

私は、今回のウクライナ戦争はアメリカに大きな責任があると考えているが、第一の責任はヌーランドにある。ヌーランドこそ、ウクライナ戦争の原因であり、ウクライナと世界に苦難をもたらした元凶である。この危険な人物をバイデンは、国務省ナンバー3の国務次官に抜擢した。

前著『悪魔のサイバー戦争をバイデン政権が始める』でも取り上げたが、私はこの人事に驚愕した。そして、バイデンは対ロシアで強硬な政策を行う、ロシアと全面対決も辞さない肚づもりなのだと確信した。そして、実際にウクライナ戦争が起きた。

ヌーランドがヨーロッパ担当だった時期、ウクライナは激動の中にあった。ちなみにバイデンはこの時期に副大統領を務め、ウクライナを担当しているかのように複数回訪問していた。ウクライナでは長年にわたり、親露派と親欧米派の対立が続いた。2004年にはオレンジ革命によって、親欧米派のヴィクトル・ユシチェンコ政権ができた。その後も両派の対立は続き、2010年の選挙で、今度は親露派のヴィクトル・ヤヌコヴィチ政権が発足した。

2014年になると、ヤヌコヴィチ政権に対する親欧米派からの批判が高まり、首都キエフの独立広場での抗議活動が騒乱状態に陥り、ヤヌコヴィッチ政権は崩壊した。これをマイダン革命と呼ぶ。同じ年に、ロシアによるクリミア併合が実施され、ウクライナ東部でも紛争が起きた。こうした騒乱状態を引き起こし、親欧米派を操ったのが、ヌーランドだった。

この時期、ヌーランドは、ウクライナの騒乱に対して反応が鈍かったヨーロッパ諸国への苛立ちを募らせ、駐ウクライナ米国大使との電話での会話で、「くそったれ」と罵った。ロシアはこの電話を盗聴しており、この会話の録音をインターネット上に流出させた。ヌーランドは後に全面的な謝罪に追い込まれた。

今回のウクライナ戦争では、アメリカ側の責任者となり、ウクライナやヨーロッパ諸国との折衝《せっしょう》（という名の恫喝《どうかつ》）を担当している。

話をノルドストリーム爆破に戻す。

アメリカ海軍は、ルイジアナ州に潜水・サルヴェーション学校を持っており、そこを卒業した優秀な潜水士たちが作戦実行部隊となった。彼らがパイプラインに爆薬を設置し爆破した。

ヴィクトリア・ヌーランド（1961年〜、62歳）
国務省内のネオコンの代表。ウクライナで2014年に起きたマイダン革命を裏で操った。ロシアとの戦争も辞さずという強硬派。

ノルドストリーム破壊の計画のためのタスクフォース・ティームは2021年12月に結成された。ウクライナ戦争の前から、爆破計画は進められていた。問題は、この計画が漏れること、もしくは計画が成功後にアメリカの仕業であるということが分かってしまい、極めて重大な結果を招くことであった。
アメリカはウクライナに支援を行っているが、ロシアとの直接の対決を避けてきた。だが、ロシアのガスプロムと西ヨーロッパ各国の企業が出資して建造した施設を爆破破壊するということはロシアや同盟国である西ヨーロッパ諸国に対する犯罪行為であり、戦争行為である。だから、何が何でもばれてはいけなかった。

ＣＩＡがノルドストリーム爆破を提案したが、もちろん批判も多かった。失敗する可能性もあり、露見すればアメリカとバイデン政権は無傷では済まない。バイデンの再選は絶望的となる。それでも、ＣＩＡにはこれまでにも多くの犯罪行為を秘密裏に成功させてきたという実績があった。最終的に、バイデンの命令で、作戦実行が決定された。

ノルドストリーム爆破作戦にとって重要なパートナーとなったのがノルウェー海軍だった。ノルウェー海軍はバルト海での経験が豊富であり、能力も高い。都合の良いことに、ＮＡＴＯの事務総長 Secretary General of the North Atlantic Treaty Organization のイェンス・ストルテンベルグ Jens Stoltenberg（１９５９年〜、64歳）はノルウェー出身だ。ストルテンベルグはノルウェーの首相を務めた人物であり、アメリカの忠実な手先だ。

ノルウェーは日本同様にアメリカの忠実な属国である。爆破に最適の地点がデンマーク領内のボーンホルム島周辺海域であった。スウェーデンやデンマークの海軍が怪しい動きを感知すれば計画漏洩の危険があった。そこで、ノルウェー海軍の協力が必要不可欠となった。

アメリカとノルウェーはノルドストリーム爆破作戦で、共犯関係になった。ノルウェーは、北海で産出する石油で大儲けしたい。ロシアからの安い天然ガスが入り続ければ、ノルウェーの石油を買う、ヨーロッパの近隣諸国など出てこない。しかし、ロシアからの天然ガス輸入が途絶すれば、ドイツをはじめとする国々は、ノルウェーの言い値で石油を買わねばならない。

さらに言えば、北海油田はイギリスの方が産出量は多い。ウクライナ戦争によってエネルギー価格の高騰が続くことで、イギリスは利益を得ることができる。イギリスが、アメリカに比べて、ウクライナに強い後押しをしているのは、戦争が続けば利益を得られるということが理由であると考えられる。

作戦はバルト海でのアメリカ主導のＮＡＴＯの演習（毎年開催）に紛れて実行されるこ

とになった。各国から多くの艦艇が参加することで、作業船をそれらの中に紛れ込ませることができ、デンマークやスウェーデンに察知されることはない。しかし、作戦決行の直前に難しい問題が発生した。

バイデン大統領が現場に対して、演習の直後ではあまりにも露骨すぎるので、爆薬を遠隔操作で爆発させる方法を見つけ出すように要求したからだ。現場は混乱したが、特定の周波数の合図で爆弾を爆発させる方法によって、この問題は解決した。そして、作戦は実行に移され、無事に成功した。

以上が、ハーシュの報じた内容の要約だ。内容に整合性があり、信ぴょう性がある。ノルドストリーム破壊は、ウクライナ戦争前からの、アメリカにとっての重要な「国策」だった。

アメリカは、ウクライナ戦争開戦前から、ロシアとドイツ、ヨーロッパ諸国の関係を断絶させようと考えていた。そこに渡りに船とばかりに、都合よく戦争が起きた。「ロシアとの関係を断て」とドイツに要求する理由ができた。しかし、ドイツ側はノルドストリームによるロシアからの天然ガス輸入をすぐには止めなかった。それは、ドイツ国民、ヨーロッパ国民の生活に必要不可欠な資源だからだ。日本語で言えば、生命線だ。

その重要なノルドストリームをアメリカは破壊した。バイデンが実行するように命令した。ウクライナ戦争を別の面から解釈すると、「ドイツとロシアの関係を断つ」ことがアメリカの目的であり、その目的が達成されたということになる。アメリカはウクライナ戦争を利用して、ロシアとつながっていたドイツに懲罰を与えた。アメリカは、自分たちが同盟国と呼んでいる国に対しても平気で無法な攻撃ができる国に成り下がってしまった。ドイツ国民、そしてロシア国民はこのアメリカの犯罪行為を決して忘れず、許すことはないだろう。

戦争直後の国連でのロシア非難決議の採決で世界の分断が明らかになった

ウクライナ戦争が勃発した直後の２０２２年2月25日、国際連合（後述するが、連合国と訳す方が正確）の安全保障理事会 Security Council《セキュリティ・カウンシル》 では、ロシアに対して即時撤退を求める決議案 resolution《レゾリューション》 の採決が行われた（「国連安保理 ロシア拒否権で決議案否決 ウクライナ大使は黙とう」、ＮＨＫ、２０２２年2月26日）。

国連安全保障理事会（安保理）は5カ国の常任理事国 Permanent members 5《パーマネント・メンバーズ・ファイブ》（Ｐ５）

と10カ国の非常任理事国 Non-Permanent members《ノン・パーマネント・メンバーズ》 の15カ国で構成されている。安保理は拘束力を持つ決議ができるなど、国連の実質的な最高機関である。意思決定は9カ国以上の賛成で成立するが、常任理事国5カ国には拒否権 veto《ヴィートー》 が認められており、1カ国でも拒否権を行使すれば、決定は成立しない。国連安保理決議は拘束力を持つ。そのために、重大な決定ということになる。

採決の結果は15カ国中、11カ国が決議案に賛成した。一方、中国（常任理事国）、インド、アラブ首長国連邦 UAEは棄権し、議長だったロシア（常任理事国）が拒否権を行使したために、決議案は否決された。多くの人たちは、「なんで拒否権なんてものがあるんだ」と思うかもしれない。そんなものがなければ、多数決で決議が成立するではないか、ウクライナがかわいそうではないか、と。しかし、国際政治の最重要点はまさにここにある。

United Nations《ユナイテッド・ネイションズ》（UN）を「国際連合（国連）」という誤った日本語訳をしてしまったために、国際政治の最重要ポイントが日本人に分からなくなっている。これは、日本の悲惨な敗戦を「終戦」と言って、実態をごまかしているのと同じだ。日本人に、「戦前に日本が常任理事国だった国際連盟 League of Nations《リーグ・オブ・ネイションズ》 の後継機関みたいなもの」と思わせるための日本語の曖昧さを利用したトリックである。

United Nations は、「連合国」もしくは「連合国」と訳す方が正確だ。中国語では「联合国」と正確に訳している。国連（連合国）は、第二次世界大戦で、日独伊の枢軸国に勝利した諸国家の軍事同盟のことである。そして、第二次世界大戦で連合国の主力として戦争を戦い、勝利した主要5カ国である、アメリカ、イギリス、フランス、ソ連（現在はロシア）、中国（もともとは中華民国［台湾］だったが中華人民共和国に変更）が常任理事国として、安保理での決定に拒否権を持つ。つまり、この5大国で世界政治を動かすということだ。

簡単に言えば、世界政治は大国間政治 great power politics《グレイト・パウア・ポリティックス》である。第二次世界大戦後の世界政治の構造では、国連常任理事国5カ国が大国間政治に参加する権利を持つ。それは、第二次世界大戦で大きな犠牲を払って勝利を収めたからだ。その報酬として、第二次世界大戦後の国際社会で大国としてふるまい、国際社会の重要事項を決定することになった。これらのことは小室直樹著『戦争と国際法を知らない日本人へ』（徳間書店、2022年2月）に詳しく書かれている。

国連安保理は、むき出しの naked《ネイキッド》 世界政治の最前線の場であり、ここでは、「かわいそう」だの「正義が実現されていない」という情緒的な感情は一切排除されている。2月25日の採決の様子について、「ロシアの国際的孤立が深まった」という報道がなされたが、中国、インド、アラブ首長国連邦が棄権したという点が重要だ。この場合の棄権は、消極的な反対、ロシアに即時撤退を求める立場は取らないということを意味する。これら3カ国は、国連において重要な決定においてロシアの側に立ったということになる。それはつまり、ウクライナの側に立たないということではなく、米英仏の側に立たないということを意味する。

2022年3月3日、ウクライナ戦争開戦から1週間が経過し、今度は国連総会General Assembly《ジェネラル・アッセンブリー》の緊急特別会合が開催された。そして、ロシアを強い言葉で非難し、ウクライナから直ちに無条件で撤退するように求めた決議案の採決が行われた。国連総会は、国連の主要な機関であり、全加盟国が出席する。国連総会決議には拘束力がない。声明文であること以上の存在ではない。ただ、安保理常任理事国が拒否権を行使できず、出席する国々の3分の2以上の賛成で可決されるため、ハードルは低い。

ロシア非難決議案の採決の結果は、賛成141カ国、反対5カ国、棄権35カ国、意思を示さず12カ国となり、決議案は成立した。ここでも「ロシアの国際的孤立が際立った」という報道がなされた。ここで重要なのは、賛成投票をしなかった52カ国の存在だ。棄権には、中国、インド、南アフリカと、重要新興国のグループであるＢＲＩＣＳ（第4章で詳述する）のメンバー国が入っていた。また、アフリカや南アメリカなどの中国と関係が深い国々が反対、棄権、意思を示さずに入っていた。これらの国々の人口を合計すると、賛成した１４１カ国よりも多くなり、「ロシアの国際的な孤立感が深まった」とは言えない（「国連総会のロシア非難決議、反対は５カ国のみ。賛成１４１カ国で採決　議場から拍手、その時ロシア大使は……」、BUSINESS INSIDER、２０２２年3月3日）。

ウクライナ戦争後のこうした動きから、「西側諸国対西側以外の国々」という構造で報道がなされるようになり、「人口比15対85」「グローバルサウス」という言葉も使われるようになった。ウクライナ戦争は、世界が大きく2つに分断されていることを明らかにしたのだ。

ウクライナ戦争の結末はどうなるか

私がこの本を書く際に、編集者に「ウクライナ戦争はどうなるか」「どのような結末を迎えるか」ということを念頭に書いて欲しいと言われた。ウクライナ戦争は、膠着《こうちゃく》状態となって1年以上経つ。ロシアはウクライナ東部と南部で防備を固め、ウクライナ国内で攻勢に出るということを止めている。ウクライナ側は何とかこれらの地域を奪還しようと、攻撃を続けているが、大きな進展は見られない。

ゼレンスキー大統領が目標として掲げている、「1991年の独立当時の国土全体の回復（簡潔に言えばクリミア半島の奪還）」は、誰が見ても不可能だ。ゼレンスキーがこのような非現実的な目標を掲げて、自分の手を自分で縛ってしまったような状況では、ウクライナ側から停戦を申し込むことはできない。ゼレンスキーがウクライナ大統領の座から降りない限り、ウクライナとしては戦争を止めることはできない。

ここで重要なのは、ウクライナ戦争は、ウクライナの国土で、ウクライナ国民が戦っている戦争であるが、ウクライナの意向など考慮されない戦争だということだ。これは、アメリカと西側諸国とロシアの戦争であり、代理戦争である。大国間政治においては、小国の意向など、最後の最後ではまったく無視されてしまう。ゼレンスキーがいくら戦いたいと言ってみても、西側諸国がもう無理だということになれば、戦争は終わる。

重要なのは、アメリカとロシアの意向である。米露どちらか、もしくは米露双方が戦争を止めたいということになれば、停戦ということになる。アメリカは、既に16兆円以上の支援をウクライナに対して行った。アメリカ国民の過半数が、「もう十分にしてやった、これ以上は必要ない」と考えている。

ヨーロッパ諸国でも「ウクライナ疲れ」「ゼレンスキー疲れ」が深刻だ。戦争が続く限り、人々の血税は支援金としてウクライナに注ぎ込まれ続ける。アメリカは生産能力の面でも不安がある。ロシアは防備を固めて、「負けない体制」を構築し、長期戦に備えている。

アメリカとしては、これまでに注ぎ込んだ膨大な費用に見合った成果を出せなければ、具体的には最低限でもウクライナ戦争開戦前の状況に戻せなければ、「失敗」ということになる。ウクライナ戦争が膠着状態に陥って、ロシアは防備を固め、これを打ち破るには、さらなる資金とより強力な武器が必要になる。そうなれば、ロシアは戦争の段階を引き上げ、核兵器使用も視野に入ってくる。

アメリカは、16兆円をドブに捨てることになり、威信が傷つく形になっても、戦争を終えるか、コストの清算を先延ばしにして、戦争にしがみつくかのどちらかを選ばねばならなくなる。どちらにしても、アメリカには厳しい選択となる。アメリカはどこかで決断しなければならない。結局は現状のままでの停戦となるだろう。これは、アメリカと西側諸国の「負け」を意味する。

最後に、ウクライナ戦争について一言で述べておくと、この戦争はアメリカに責任があり、アメリカはその対処に失敗した、ということだ。そして、ウクライナ戦争は、戦後国際体制の構造が大きく変化していることを明らかにした。それは、**「西側の国々 the《ザ・》 West《ウエスト》」対「西側以外の国々 the《ザ・》 Rest《レスト》」の分断**である。

第4章

「西側諸国 the West」対「西側以外の国々 the Rest」の分断が世界の構造を変える

ウクライナ戦争によって、明らかになったことがある。それは、世界が大きく、「西側諸国 the《ザ》 West《ウエスト》」と「西側以外の国々 the《ザ》 Rest《レスト》」の2つの陣営に分かれているということだ。

ウクライナ戦争開戦後しばらくしてから、「the West vs. the Rest」という言葉が海外の記事で多く見られるようになった。この2つの言葉はそれぞれが韻を踏む形になり、語《ご》呂《ろ》が良いということで口になじみやすい。

日本を含む「西側諸国」は、欧米を中心とする先進諸国のグループだ。「西側以外の国々」は、発展途上国、新興諸国で構成されている。また、非西側諸国は、南半球の国々も多く、これらの国々は「グローバル・サウス Global South」と呼ばれる。

非西側諸国の「西側以外の国々」をけん引しているリーダーは、もちろん中国である。中国は、1978年に当時の国家最高指導者である鄧小平 Deng Xiaoping（1904〜1997年、92歳で没）が改革開放政策を開始し、それから50年弱で、驚異の経済発展を遂げた。2010年には、中国が日本を抜いて世界第2位の経済大国となった。

2023年10月、日本がドルベースのGDPで、ドイツに抜かれて世界第4位に転落する見通しだと国際通貨基金 International Monetary Fund《インターナショナル・マネタリー・ファンド》（IMF）が発表したと報じられた（「ＧＤＰ予測、日本は４位転落　23年にドイツが逆転、響く円安」、共同通信、２０２３年10月24日）。

ドイツの２０２１年の経済成長率は２・６％だ。高度経済成長でもなんでもないのだが、日本より人口が少ないドイツに追い抜かれてしまった。日本は２％の経済成長も達成できない、成長のない国になった。日本はこれからも衰退していき、やがてインドに抜かれることも確実視されている。認めたくない人も多いだろうが、日本は先進諸国の中でも、衰退への道の先駆けとなっている。

それでも、日本は20世紀後半、世界から驚嘆の目で見られていた時代がある。日本は、１９５６年から１９７３年にかけて、年平均で約９・１％の経済成長を達成し、「奇跡の経済成長 economic miracle《エコノミック・ミラクル》」と呼ばれた。中国は、１９９３年から２０２３年までの30年間で、年平均の経済成長率約11・２％を達成している。中国が21世紀に達成した「奇跡の経済成長」は、日本に比べて、より長期間の、そして、より爆発的な成長となっている。

世界銀行の統計データによると、２０２２年の世界ＧＤＰに占める割合は、アメリカが約25・３％、中国が約17・９％、日本が約４・２％、ドイツが約４％、インドが約３・３％となっている。前述の通り、２０２３年には日本は４位に後退する見通しだ。

第二次世界大戦後、ＧＤＰにおいて、中国ほどアメリカに肉薄した国家はない（旧ソ連や日本でも最高で半分程度）。中国が経済成長率でアメリカを上回っている状況が続いているので、２０２８年には、中国がアメリカを追い抜いて世界最大の経済大国になるという予想が出ている（BBC News Japan、２０２０年12月27日）。あとたった5年のことだ。

２０２３年になって、新型コロナウイルスの感染拡大からの景気回復でアメリカの経済成長率が中国の経済成長率を上回っていて、中国がアメリカを追い抜くのは難しいという報道が出ているが、大きな基調は変わらない。

アメリカが中国に追い抜かれるという、戦後世界を揺るがす事態が起きることで、戦後世界体制の常識が大きく変化する。より大きく言えば、**戦後世界体制の終焉だけではなく、私たちはポルトガルが世界帝国を築いて以来の西洋支配６００年の終焉を目撃することになる。**これからは、西側諸国以外の「西側以外の国々」が台頭していく。私たちはその逆転の瞬間の兆候を今日撃しているのだ。

「西側以外の国々」の中核となるBRICS（ブリックス）

「西側以外の国々」の中核となる組織は、ブラジル Brazil、ロシア Russia、インド India、中国 China、南アフリカ South Africa から構成されるBRICS（ブリックス）という国際グループだ。投資銀行のゴールドマン・サックスに所属していた経済学者ジム・オニール Jim O'Neill（1957年～、66歳）が2001年に、「これから急速な経済発展が見込まれる国々のグループであるブラジル、ロシア、インド、中国」の、それぞれの頭文字から、BRICsと名付けた。

当初は、ブラジル、ロシア、インド、中国の4カ国だけだった。その後、南アフリカが加えられ、複数形を示す小文字の「s」が、南アフリカの頭文字である大文字の「S」となり、BRICSとなった。2009年から、当時は4カ国で、その後、2011年から、5カ国で首脳会談を定期開催するようになった。投資銀行が投資を誘う目的で発表した言葉が、国際社会において正式な国家グループの名称となった。

2023年8月、ブリックスの首脳会談が南アフリカで開催された。そして、この首脳会談において、新たに6カ国がブリックスに参加することが認められた（2024年から正式メンバー）。ブリックスの枠組みが拡大され、メンバー国は11カ国となる。新たに参加する6カ国とは、イラン Iran、サウジアラビア Saudi Arabia、エジプト Egypt、アラブ首長国連邦 United Arab Emirates（UAE）、エチオピア Ethiopia、アルゼンチン Argentina である。

今回加盟が認められた国々は、中東・アフリカ大陸北部が5カ国、南アメリカ大陸が1カ国という分布になっている。新たに11カ国で構成されるブリックスは、世界のGDPの29%、人口の46%、石油産出量の43%、製品輸出の25%を占める国際グループとなる（"Visualizing the BRICS Expansion in 4 Charts" by Marcus Lu, Graphics/Design, Bhabna Banerjee 2023年8月24日）。

ブリックスの正式メンバーの国々がどこにあるかを地図で見ていただくと分かるが、ペルシア湾と紅海（スエズ運河）、アラビア海、南大西洋、喜望峰、マゼラン海峡といった世界の海運にとっての重要地点、世界の海運のツボをブリックスの加盟諸国でがっちり抑えることになる。中国をはじめとする西側以外の国々は、文化的、宗教的、社会的、経済的、

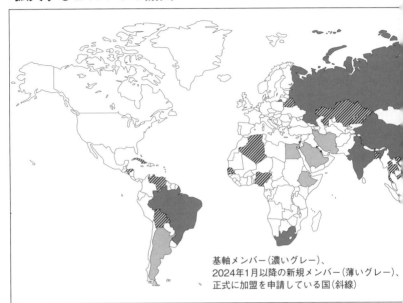

拡大するＢＲＩＣＳ諸国

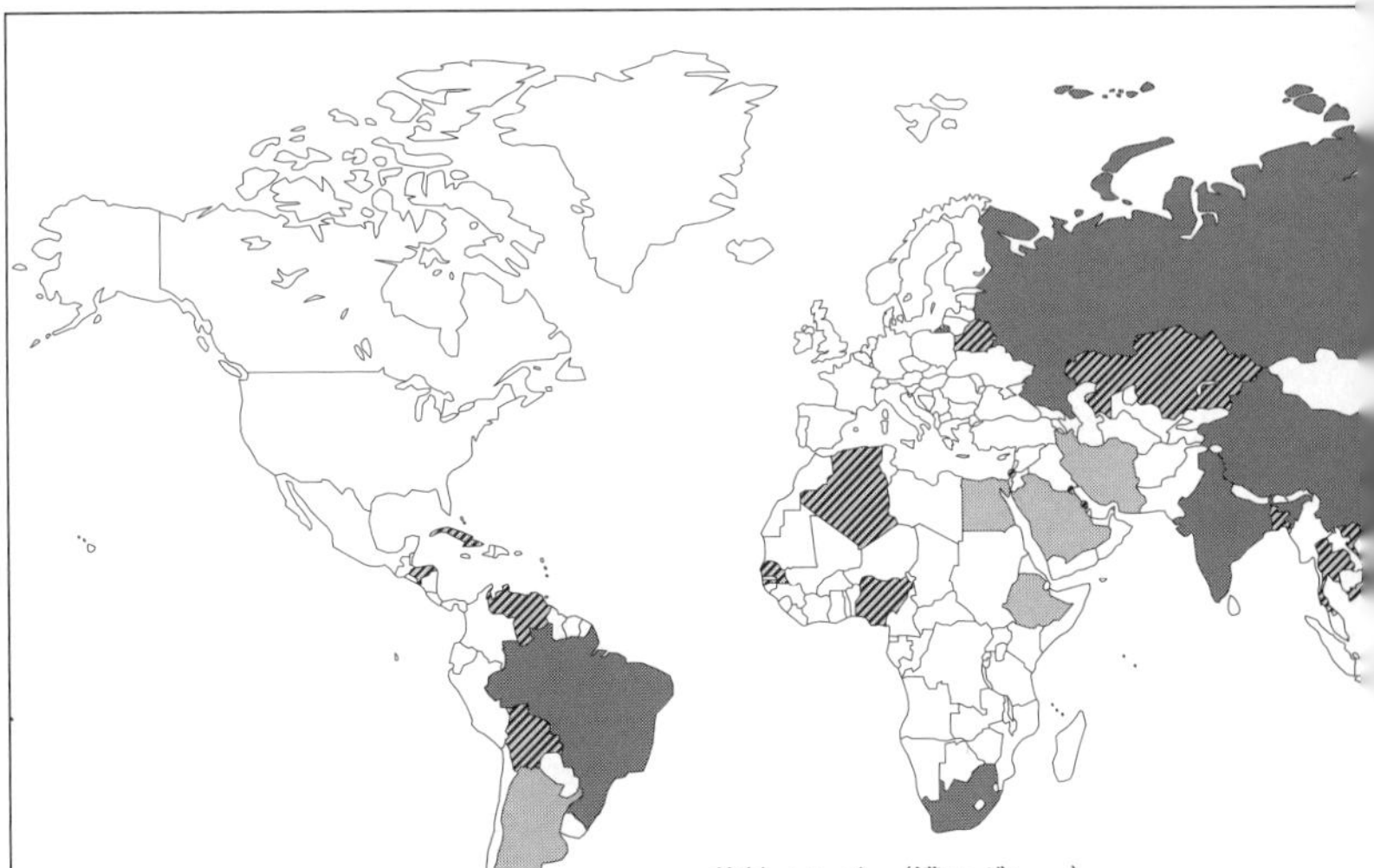

基軸メンバー（濃いグレー）、
2024年1月以降の新規メンバー（薄いグレー）、
正式に加盟を申請している国（斜線）

政治的に多種多様な国々で、それらが世界のシーレーンでつながることで、21世紀の多元的な国際社会像が示されることになる。

今回ブリックス参加を認められた6カ国以外にも、加盟申請を行っている国々はまだある。その数は20カ国ほどに上り（アルジェリア、ボリビア、インドネシア、キューバ、コンゴ民主共和国、コモロ、ガボン、カザフスタンなど）、その他に20カ国以上が加盟に関心を持っている（「途上国40か国以上が加盟

への関心表明　新興5か国ＢＲＩＣＳ首脳会議、22日開幕」、The News Lens Japan、２０２３年８月23日）。

発展途上諸国はブリックスに入って、経済発展をしたい。中国からの支援や投資を受けて、自国を発展させたい。西側以外の国々で構成されるグループや国際機構は加盟に関して、うるさい条件を付けない。「みんなで豊かになろう」の精神だ。一方、西側諸国の国際機構であるヨーロッパ連合を例に取れば、財政、人権、政治などの状況に関して厳しい加盟基準がある。これらを満たしていなければ加盟は認められない。「仲間」とは認められない。しかし、ブリックスなどの「西側以外の国々」の国際機構は多様性を尊重している。

多元的な国際機構や枠組みで重層的な関係を築いている西側以外の国々

西側以外の国々はブリックスだけにとどまらず、２００１年発足の上海協力機構 Shanghai Cooperation Organization《シャンハイ・コーオペレーション・オーガナイゼイション》（ＳＣＯ）、２０１７年から進められている一帯一路構想 One Belt, One Road Initiative《ワン・ベルト・ワン・ロード・イニシアティヴ》（ＯＢＯＲ）にも参加している。様々な国際機関、国際機構が重層的に重なり合うことで、非西側・非欧米諸国の関係が深まり、強固になっていく。

上海協力機構は、1996年に、中国、ロシア、カザフスタン、キルギス、タジキスタンの5カ国が上海で首脳会議を開催したことで始まった。この5カ国は上海ファイヴと呼ばれている。それから毎年、首脳会談が続けられていたが、アメリカで同時多発テロ事件が発生した2001年に、上海ファイヴを前身とする、上海協力機構が設立され、対テロ協力のための軍事協定が締結された。

その後は、様々な国が正式メンバー、オブザーヴァー、対話パートナー、招待参加（アセアンや国連など）など多様な位置づけで参加するようになり、多くの国々や国際機関が参加する、経済分野でも協力関係を拡大する国際機構となった。ちなみに、オリジナルの上海ファイヴ以外に、ウズベキスタン（2001年に正式加盟）、インド（2005年にオブザーヴァー参加、2017年に正式加盟）、パキスタン（2005年にオブザーヴァー参加、2017年に正式加盟）、イラン（2005年にオブザーヴァー参加、2023年に正式加盟）が正式メンバーとなっている。

一帯一路構想は、習近平体制下、2017年から中国が推進している、ユーラシア大陸やアフリカ大陸を含む広域経済圏構想である。習近平国家主席は、2013年に「シルクロード経済ベルト」を発表した。中国からユーラシア大陸を経由してヨーロッパにつながる陸路の「シルクロード経済ベルト（一帯）」と、中国沿岸部から東南アジア、南アジア、アラビア半島、アフリカ大陸東岸を結ぶ海路の「21世紀海上シルクロード（一路）」で、インフラ整備や貿易促進を行う構想である。参加国は154カ国だ。それ以外にオブザーヴァー国、関心を持っている国を含めると、160カ国以上がかかわりを持つ地球規模の構想となっている。

参加各国へは、中国から鉄道や高速道路、港湾施設へのインフラ投資が活発に行われている。また、市場開拓も行われ、関係は深まっている。毎年、一帯一路国際フォーラムという参加国の首脳級が集まる会議も開かれている。今年（2023年）は構想発表から10周年となり、10月に北京でフォーラムが開催され、140カ国が参加した。

日本では「首脳の参加が少なく失敗だった」という報道がなされたが、世界にある国と地域の70％が参加する会議である点をわざと報道しなかった。今や、一帯一路構想に参加していない方（日本も含まれている）が少数派であることを自覚すべきだ。

こうした経済や安全保障に関する、重層的な複数の国際グループに、多種多様な国々が入っており、それが「西側以外の国々（the Rest）」を形成している。21世紀に入って、これらの非西洋の国々が力をつけ、国際政治の場において影響力を持ち始めている。これまでであれば、毎年のＧ７先進諸国首脳会談が世界の諸問題に対処していたが、最近では存在感がなくなっている。それに代わって、２００８年から始まったＧ20首脳会談が存在感を増しているが、Ｇ７先進諸国側と新興諸国側で、意見対立もあり、何か重要な決定を行う場にはなっていない。

こうした寛容な多様性を認める国際グループの原型、モデルは、１９６１年結成の非同盟運動 Non-Aligned Movement《ノン・アラインド・ムーブメント》、１９６７年結成の東南アジア諸国連合（アセアン Association of Southeast Asian Nations《アソシエイション・オブ・サウスイースト・エイジアン・ネイションズ》 ＡＳＥＡＮ）だ。日中韓の東アジア3カ国は、アセアン＋3という枠組みで、１９９７年から毎年首脳会談を開催している。また、アメリカとも首脳会談を定期的に行っており、米中関係が緊張をはらむ中で、バランサーとしての役割を果たしている。アセアンは、東南アジア地域の経済発展もあって、国際政治の場で存在感を増している。

東南アジア諸国連合（アセアン）には、王制国家、社会主義国家、民主政治体制国家、資本主義国家など、様々な経済体制や政治体制の国家が加盟している。宗教もイスラム教、仏教、キリスト教など多様だ。アセアンの重要な原理原則は、「多様性を認めて、何か問題が起きたら、排除をせずに話し合う」だ。

一方で、ヨーロッパ連合（ＥＵ）はどうだろうか。トルコにしても、ウクライナにしても、加盟申請をしているのに、加盟が認められていない。宗教の違いに加え、人権状況や汚職の状況が加盟の基準を満たしていないとして、ほったらかしだ。ＥＵ加盟の基準とは、同質性を担保するためのものであり、異質な国は排除するためのものだ。ここにアセアンとの大きな違いがある。

西洋支配６００年、アメリカ支配の戦後80年において、近代化 Modernization《モダナイゼイション》とは、西洋化 Westernization《ウエスタナイゼイション》を意味してきた。ヨーロッパで生まれた価値観（民主政治体制、市場経済、人権、自由、法の支配など）を受け入れて、西洋諸国と同じ体制になるということが近代化の「成功モデル」だった。アジアも、アフリカも、南北アメリカも、オセアニアも、世界のどこの地域であっても、西洋の価値観を受け入れた国々が、近代化された成功例となり、それに失敗した国は失敗例とされ、後進国として蔑《さげす》まれ、時には西洋諸国から敵と認定された。

こうして考えると、世界は、西洋支配の６００年の間に、近代化＝西洋化による、単一性、同質性を目指してきたと言える。

明治維新後の日本、太平洋戦争敗戦後の日本は、西洋に認めてもらって、仲間に入れてもらおうと必死だった。「脱《だつ》亜《あ》入《にゅう》欧《おう》」という言葉はそれを象徴している。そして、日本は、表面上だけ西洋の価値観を受け入れた。まさに模倣《もほう》の優等生だった。そして、経済的に成功して先進国の仲間入りをした。

日本は非西洋世界にとって、近代化成功のお手本、ロールモデルとなった。しかし、日本の成功は20世紀の遺物だ。

西洋から「遅れている、文明化されていない」と蔑まれてきた、西洋以外の国々が21世紀の主役になる。西洋近代が終わり、世界史的な大逆転が起きる。西洋支配６００年の間に植民地化された、もしくは搾取された国々が勃興し、これまで文明国だ、先進国だと威張っていた国々が衰退していく。

中国を中心として西洋以外の国々が多数派としてまとまって突き進んでいく時代がもうすぐそこまで来ている。

サウジアラビアがバイデン大統領の依頼を断り、中国寄りの姿勢を鮮明にした

サウジアラビアがアメリカ偏重から脱し、中国重視へとシフトしている。

現在、サウジアラビアの実権を握るムハンマド・ビン・サルマン Muhammad bin Salman（1985年～、38歳）王太子とジョー・バイデン米大統領は険悪な関係になっている。

バイデン大統領は2022年7月にサウジアラビアを訪問した。ウクライナ戦争勃発から半年ほどが過ぎたこの時期、世界的に石油価格が高騰し、人々の生活を直撃した。アメリカは自動車社会であり、ガソリン価格は人々の生活に大きな影響を与える。夏休み時期は人々の移動が激しく、この時期にガソリン価格が高いと人々は政治に対して不満を持つ。それゆえアメリカの歴代政権は夏休み時期にガソリン価格があまり上がらないようにしてきた。もちろんそれは自分たちの選挙のためだ。バイデンのサウジ訪問は、石油価格高騰を抑えるために、サウジアラビアによる石油増産を求めることが目的だった。

しかし、サルマン王太子の答えは「ノー」だった。それどころか、ロシアと歩調を合わせるように、石油の減産を決定した。サウジアラビアの石油減産は、ロシアを支援する行為だと西側諸国では受け取られた。石油を販売することで、戦費を調達しているロシアにとって、石油価格の下落は大きな痛手となる。サウジアラビアは減産をすることで、間接的にロシアを助けたことになる。こうして、長年にわたり、アメリカと蜜月の同盟関係にあったサウジアラビアがアメリカから離れる姿勢を示した。

一方で、サウジアラビアからすれば、アメリカに対して距離を取るのは当然だということになる。アメリカはサウジアラビアに対して、冷たい態度を取り続けた。バラク・オバマ政権時代に、サウジアラビアの宿敵イランと核開発をめぐる合意（2015年10月）を結んだが、サウジアラビアからすれば内容があまりに中途半端で、結局のところ、イランの核開発を止めることができず、イランの脅威を増大させるだけであった。また、アメリカ国内でのシェールガス生産が増大したことで、天然資源輸出でアメリカはサウジアラビアのライヴァルとなった。

また、アメリカのバイデン政権の価値観外交、人権重視外交はサウジアラビアとは相容れないものだ。2018年にトルコのイスタンブールにあるサウジアラビア領事館を訪問した、サウジアラビア出身の反体制ジャーナリストのジャマル・カショギ Jamal Khashoggi（1958～2018年、59歳で没）が領事館内で殺害されるという事件が起きた。

この事件について、アメリカの情報機関が、殺害命令を下したのは、サルマン王太子だと発表した。また、バイデンもこの事件ではサルマン王太子を批判してきた（「バイデン氏がサウジ皇太子と会談、反体制記者の殺害に言及　『極めて重要』な問題と」、BBC News Japan、2022年7月16日）。

サルマン王太子とバイデン大統領の間が険悪になるのは当然だった。そうした中で、サウジアラビアが中国寄りの姿勢を示し、中国を厚遇するようになり、ついにはブリックスに参加するに至った。

中国の習近平国家主席がサウジアラビア訪問で石油取引の人民元決済に言及

中国の習近平国家主席は2022年12月7日からサウジアラビアを訪問した。さらに、9日には、サウジアラビアのリヤドで開催された湾岸協力会議に出席した。そのことについて、筑波大学の遠藤誉名誉教授が自身の記事の中で取り上げている(「習近平、アラブとも蜜月　石油取引に『人民元決済』」、遠藤誉、Yahoo! Japan News、2022年12月13日)。この記事の中で重要な点を引用したい。

9日、習近平はリヤドで、湾岸協力会議首脳やアラブ諸国首脳との会議に出席した。中国と湾岸諸国やアラブ諸国とのサミットは初開催だ。

湾岸協力会議(Gulf Cooperation Council=GCC)とは、1981年に設立された中東・アラビア湾沿岸地域における地域協力機構で、加盟国は「バーレーン、クウェート、オマーン、カタール、サウジアラビア、およびアラブ首長国連邦(UAE)」の産油6カ国である。

(中略)

注目すべきは、習近平がそれらを代表する国々の首脳との会談で、「中国は今後3年から5年で、湾岸諸国と次の重要な協力分野で努力する意向がある」と前置きして、「上海石油ガス貿易センターのプラットフォームなども十分に活用しながら、石油や天然ガス貿易の人民元決済を展開したい」と述べたことである。すなわち、中国がエネルギーを輸入する際に人民元建ての取引を広げたいとの意欲を表明し、参加者の賛同を得たのだ。
サウジとは個別に中国浙江省義烏市との間で初の「クロスボーダー人民元決済」業務が完了している。

習近平国家主席は、中東の主要な産油国に対して、「石油や天然ガス貿易の人民元決済」に言及した。これは、戦後国際体制を揺るがす、重大な発言だ。アメリカが築いた戦後国際体制に対する反逆とも言える発言だ。

アメリカが築いた戦後国際体制の基盤がオイルダラーだ。オイルダラーは日本でのみ使われる言葉で、日本以外では「ペトロダラー Petrodollar」と言う。石油を意味する「petroleum《ペトロレアム》」とドルを組み合わせた言葉だ。ペトロダラーとは、簡潔に述べるならば、世界各国は石油の取引を行う際には、アメリカが発行するドルのみを使用するということだ（「石油はドルでしか買えない、だからアメリカは強かった　いつか人民元の時代が来る？」、朝日新聞GLOBE+、2022年7月6日）。

朝日新聞GLOBE+では、このペトロダラーがアメリカにとっていかに莫大な利益をもたらしてきたかについて、「石油取引の通貨をドルに一元化することで、サウジアラビアなど産油国が石油を売って得たドルで米国債を買う再循環が構築された。1973年のオイルショック後、米国がサウジに原油価格の引き上げを認める一方、取引はドルでするよう求めた。そうしてペトロダラー体制が生まれた」と書かれている。アメリカは自分たちが発行できるドルで、石油を買い、相手に渡したドルが、国債の形で自国に戻ってくるという構造を構築した。

ドルは世界の基軸通貨 key currency《キー・カレンシー》となり、ドルがなければ石油が買えないということになり、アメリカ以外の国々は、苦労してドルを手に入れねばならないが、アメリカは極端な話をすれば、ドル紙幣を刷りさえすれば、石油が手に入る。石油取引でドルが使えなくなるということは、アメリカにとっての巨大な権益がなくなってしまうことを意味する。結果として、アメリカは覇権国の地位から滑り落ちてしまう。

サウジアラビアはアメリカのライヴァルである中国にシフトする姿勢を鮮明に示した。サウジアラビアにしてみれば、最大の石油輸出先である中国と親密になるのは当然のことだ。中国に近づくことで、アメリカから軽視されることのリスクを軽減しようという行動に出ている。これは、サウジアラビアの国益という点から見れば、きわめて合理的な行動である。

一方で、中国からすれば石油購入で人民元決済が認められれば、資源確保において大いに有利となる。そして、人民元は世界の基軸通貨に近づくことになる。これはドルの地位の凋落を意味する。サウジアラビアと中国は、相互に利益が得られる互恵関係、ウィン・ウィンの関係を結ぶことができる。

石油取引の人民元決済は提案がなされただけで、まだ実現していない。しかし、サウジアラビアと中国との間で既に石油取引の人民元決済に向けて話し合いが行われているだろう。そうでなければ、公式の場で、習近平がそのような発言をすることはない。サウジアラビアがペトロダラー体制を維持したいと考えていれば、習近平にその種の発言を控えるように頼むはずで、人民元決済はサウジアラビアの意思でもある。

このようなサウジアラビアの中国への接近姿勢について、アメリカの元外交官で、歴史学者でもあるアーロン・デイヴィッド・ミラーは、「習近平のサウジアラビア訪問はリヤドにおけるワシントンとの一夫一婦制の結婚関係終焉を示している」（2022年12月7日）という論文を発表し、分析を行っている。この内容が非常に良くまとまっていたので、重要な部分を以下に引用する。

２００４年のインタヴューで、当時のサウジアラビア外相サウド・アルファイサルは、アメリカとサウジの関係は、妻が1人しか許されない「カトリックの結婚 Catholic《キャソリック・》 marriage《マリッジ》」ではなく、妻が4人許される「イスラムの結婚 Muslim《ムスリム・》 marriage《マリッジ》」だと『ワシントン・ポスト』紙元記者デイヴィッド・オッタウェイに述べたが、これは極めて先見的な発言だった。オッタウェイは「サウジアラビアはアメリカとの離婚を求めていたのではなく、他国との結婚を求めているに過ぎない」と書いている。

（中略）

北京は、サウジアラビアにとって最重要の問題、すなわち不安定になっている近隣諸国における安全保障について、ワシントンに取って代わることはできない。しかし、リヤドがワシントンと一夫一婦制で結婚していた時代は時代遅れになっている going the way of the dodo《ゴーイング・ザ・ウェイ・オブ・ザ・ドゥ・ドゥー》. ようだ。冷戦2・0、つまりアメリカと中国・ロシアとの緊張と競争が高まっている現在、サウジアラビアはどちらにつくかを選ぶことを拒否するだけでなく、自国の利益のために北京やモスクワに接近する可能性がある。つまり、サウジアラビアはもはやアメリカ一国だけの妻ではない。

中国との関係改善に対するサウジの関心は、アメリカがサウジの利益にもっと注意を払い、「リヤドは当然自分たちの味方だ」と単純に考えないようにさせるための一時的な戦術と見なしたくなるものだ。サウジアラビアのムハンマド・ビン・サルマン王太子とジョー・バイデン米大統領との個人的な関係は、決して友好的とは言えない。サルマン王太子はバイデンが自分をどう思っているか気にしないと述べ、バイデンはサウジアラビアの指導者たちについてあまり考えていないことを明らかにした。バイデンはサウジアラビアを非難する際に控え目に振る舞うことはない。サウジアラビアについて、萎縮する壁の花wallflower《ウォールフラワー》のように沈黙を守ることはなく、サルマン王太子を良く思っていないことを明確に示している。

しかし、アメリカとサウジアラビアの関係を苦しめているのは、バイデン大統領とサルマン王太子の相性の悪さよりもずっと深いところに原因がある。ワシントンはサウジアラビアの石油を必要とし、リヤドはアメリカの安全保障を必要とするという、数十年にわたる関係を支えてきた基本的な相殺取引（トレイドオフ）が、長年にわたるストレスやひずみの積み重ねによって、擦り切れてしまっている。

アメリカには、9・11テロ事件ハイジャック犯19人のうち15人がサウジアラビア人であり、サウジアラビア政府はこの計画をどの程度知っていたのかという疑問がある。一方サウジには、バグダッドにイランの影響を受けやすいシーア派支配の政権をもたらした２００３年のアメリカによるイラク侵攻、アメリカの「アラブの春」への対応などに不満があり、両国関係を傷つけてきた。

アメリカは「アラブの春」に際して、当時のエジプト大統領ホスニー・ムバラクに退陣を迫り、中東や北アフリカの他の地域で民主的な改革を促したが、サウジアラビア王政はこの動きを世界中の権威主義者への脅威、そして自らの権力保持への脅威と考えた。

アメリカを石油輸出の競争相手とすることになったフラッキング技術とシェールガス革命、サウジアラビアの宿敵イランとのオバマ政権の核合意、２０１９年９月のイランの無人機・巡航ミサイルによるサウジアラビアの主要産油施設２カ所への攻撃に対するアメリカの弱腰反応によるリヤド側の懸念拡大、アメリカによるサウジアラビアの安全保障への関与などもあった。そして最後に、冷酷で無謀なムハンマド・ビン・サルマンが台頭し、サウジアラビアの反体制派でアメリカ在住のジャマル・カショギの殺害を指示したこともあった。（翻訳は引用者）

この記事では、サウジアラビアの動きについて、「一夫一婦制（キリスト教的）から一夫多妻制（イスラム教的）へ」「サウジアラビアはアメリカとの離婚を求めていたのではなく、他国との結婚を求めているに過ぎない」と書かれているのは分かりやすい表現だ。サウジアラビアは中国寄りの姿勢を見せているが、アメリカと完全に手を切った訳ではない。中国の台頭という国際状況の変化に合わせて、中国とも関係を深めておこうという全方位外交である。アメリカが仲介するイスラエルとの国交正常化交渉も拒否せずに話を進めていた。

しかし、サウジアラビアは、アメリカから中国に覇権国が交代すると、冷静かつ冷酷に見切っているのだろう。サウジアラビアはアメリカが覇権を握る戦後世界体制を支えてきた国であり、アメリカをずっと観察し続けてきた国だ。サウジアラビアがアメリカと中国との間でバランスを取ろうとしているというのは、戦後世界体制の変化を示す大きな動きだ。

アメリカを追い詰めすぎると怪我するということで、「ブリックス通貨」導入は見送り

2023年に入ったくらいから、「ブリックスが独自通貨を発行するのではないか」「ブリックス5カ国が2023年8月に開催する首脳会談でブリックス通貨発行を発表する」

という報道が欧米で出るようになった。日本の主流メディアではほとんど報道されなかった。

　おかしなことに、日本ではほぼ報道されなかったのに、２０２３年8月のブリックス首脳会談について報道する際に、鬼の首でも取ったかのように、「ブリックス通貨の導入は見送りになりました」と日本のテレビや新聞は報じた。「ブリックス通貨とは何だ？　そんな話があったの？」と思った人も多かったと思う。

　私が読んだ記事の中で、もっともよくまとまっていたのが、ジョセフ・W・サリヴァンという経済学者が書いた記事だった。サリヴァンは、２０２３年4月24日付で「ブリックス通貨はドルの支配を揺るがすことになるだろう」という論文を『フォーリン・ポリシー』に掲載した。

　論文の著者ジョセフ・W・サリヴァンは、トランプ政権下のホワイトハウスで、大統領経済諮問委員会委員長特別顧問・スタッフエコノミストを務めた人物である。この論文から重要な部分を引用する。

　脱ドル化 de-dollarization《ディ・ダラライゼイション》 の話が取り沙汰されている。先月、ニューデリーで、ロシア国家議会のアレクサンドル・ババコフ副議長は、ロシアが現在、新しい通貨の開発を主導していると述べた。この通貨はＢＲＩＣＳ諸国による国境を越えた貿易に使用される予定だということだ。ＢＲＩＣＳ諸国にはブラジル、ロシア、インド、中国、そして南アフリカが含まれる。その数週間後、北京でブラジルのルイス・イナシオ・ルラ・ダ・シルヴァ大統領がこう言った。「毎晩のように、『なぜすべての国がドルを基軸にして貿易を行わなければならないのか why《ホワイ》 all《オール》 countries《カントリーズ》 have《ハフ》 to《トゥ》 base《ベース》 their《ゼア》 trade《トレイド》 on《オン》 the《ザ》 dollar《ダラー》』と自問自答している」

（中略）

ユーロ、円、人民元といった個々の競争相手が存在する中で、ドルが最強の貨幣であるためにドルの支配が安定しているという説を、こうした動きは弱めている。あるエコノミストは、「ヨーロッパは博物館、日本は老人ホーム、中国は刑務所」と表現した。彼は間違ってはいない。しかし、ブリックスが発行する通貨は、それとは異なる。ブリックスの通貨は、新進気鋭の不満分子の新しい連合体のようなもので、ＧＤＰの規模では、覇者であるアメリカだけでなく、Ｇ７の合計を上回るようになっている。

（中略）

ドル依存から脱却しようとする諸外国の政府の動きは、今に始まったことではない。1960年代から、ドル離れ dethrone the dollar《ディスローン・ザ・ダラー》を望む声が海外から聞こえてくるようになった。しかし、その話はまだ結果には結びついていない。ある指標によれば、国境を越えた貿易の84・3％でドルが使われているのに対し、中国人民元は4・5％に過ぎない。また、クレムリンの常套手段である嘘は、ロシアの発言に懐疑的な根拠を与えている。ババコフの提案に他のブリックス諸国がどの程度賛同しているかなど、現実的な疑問は山ほどあるが、今のところ答えは不明だ。

（中略）

しかし、少なくとも経済学的な観点からは、ブリックス発行の通貨が成功する見込みはありうると言える。どんなに計画が時期尚早で、どんなに多くの現実的な疑問が残っていても、このような通貨は本当にブリックス加盟国の基軸通貨として米ドルを追い落とすことができるだろう。過去に提案されたデジタル人民元のような競合とは異なり、この仮想通貨は実際にドルの座を奪う、あるいは少なくとも揺るがす可能性を持っている。

（中略）

もしブリックスが国際貿易に通貨ブリック（引用者註：著者が名付けたブリックス

通貨）のみを使用すれば、ドル覇権 dollar hegemony《ダラー・ヘジェモニー》 から逃れようとする彼らの努力を妨げている障害を取り除くことができる。こうした努力は、現在、中国とロシアの間の貿易における主要通貨である人民元のような、ドル以外の通貨で貿易を表記するための二国間協定という形で行われることが多い。障害となっているのは何か？ロシアは、中国からの輸入に消極的である。そのため、二国間取引の後、ロシアはドル建て資産に資金を蓄え、貿易にドルを使用している他の国々から残りの輸入品を購入したいと考える傾向がある。

（中略）

しかし、中国とロシアそれぞれが貿易に通貨ブリックを使うだけなら、ロシアは二国間貿易の収益をドル建てで保管する必要はなくなるだろう。結局、ロシアは輸入品の残りをドルではなくブリックで購入することになる。つまり、脱ドルとなるのである。

（中略）

ブリックスはまた、世界の他の通貨同盟が達成することができなかった、国際貿易における自給自足のレヴェルを達成する態勢を整えている。ブリックスの通貨統合は、これまでの通貨統合とは異なり、国境を接する国同士ではないため、既存のどの通貨統合よりも幅広い品目を生産できる可能性が高く、地理的な多様性をもたらすものである。ユーロ圏のような地理的な集中によって定義される通貨同盟では、2022年には4760億ドルの貿易赤字が発生するという痛ましい事態が起きているが、自給自足の度合いを高めることができるのだ。（翻訳は引用者）

ブリックス通貨導入の動きは、「なぜドルで貿易決済をしなければならないのか？」という根本的な疑問が新興大国の中に出てきていることを示している。これは「脱ドル化」の動きであり、石油取引の人民元決済への移行が始まる前兆である。

2023年8月に開催されたブリックス首脳会談では、新たな加盟国の承認は行われたが、ブリックス通貨導入はなされなかった。ブリックス通貨創設については、実現可能性は低いという報道も出ている。また、ブリックスのオリジナルメンバー国5カ国の間でも温度差があり（ブラジルは支持、インドは反対、中露南アフリカは静観）、実現しなかった。

興味深いのは、金《きん》の産出量が少ないインドが反対、産出量が多い他の4カ国は反対しなかったことだ。ブリックス通貨の基盤は金《きん》であり、産出量が多い中露が主導権を握ることになるのは明らかだ。インドとしては、金の保有量を高めた上で、創設したいと考えているのだろう。

ブリックス通貨構想は、議論が継続される。また、ウクライナ戦争対応で大変なアメリカ（10月からはパレスティナ紛争も起きた）にとって、さらに負担となり、不安を与えるブリックス通貨導入の時期は２０２３年ではないというブリックス側の考えもあっただろう。ドルによる国際決済や外貨準備がまだ世界の主流である。「腐ってもドル」という状態ではある。

また、中国、インド、ブラジルはアメリカ国債の保有額も大きい。少しずつ減らしているとは言え、中国は世界第2位、インドは第11位、ブラジルは13位である。ブリックス通貨導入でドルの価値が落ち、アメリカ国債の価値が下落してしまえば、中国なども悪影響を受けることになる。慌ててブリックス通貨を導入する必要はない。

ブリックスは、アメリカ国債の保有額を減少させ、金《きん》にシフトしながら、また、ドル以外の人民元などでの決済を増やしながら、ブリックス通貨導入を進めていく。

国際社会で仲介者になるほどに中国の大国としての存在感は高まっている

中国は、アメリカがパワーブローカー（影響力を行使する実力者）として重要な役割を果たしてきた中東で、その役割を果たそうとしている。中国が仲介して、それまで厳しく対立してきた、サウジアラビアとイランが国交正常化に合意した（2023年3月）。中東地域の地域大国 regional powers《リージョナル・バウアーズ》である、サウジアラビアとイランは険悪な関係になっていた。両国関係の断絶が、中東を不安定化させる一因でもあった。両国の直近の険悪な関係の原因は、2016年にサウジアラビアでイスラム教宗教指導者が処刑されたことを受けて、イランの首都テヘランにあるサウジアラビア大使館が群衆による襲撃を受けたことだ。両国は国交を断絶した。

そもそも、サウジアラビアとイランは、中東の地域大国として相争う関係だった。両国は元々、戦後のアメリカが構築したペトロダラー体制（石油の取引はドルのみで行うという密約を基礎とした）を支える、親米の産油大国（王制）として同盟関係にあったが、1

979年のイランのイスラム革命で、イラン国内において王制が崩壊し、反米に転換した。サウジアラビアはイスラム革命の飛び火を懸念し、イランと激しく対立するようになった。サウジアラビアはアラブ人でイスラム教スンニ派、イランはペルシア人でイスラム教シーア派という違いもある。

中東での地域覇権争いでお互いを敵対勢力と見なしていたサウジアラビア、イラン両国は、その後もサウジアラビアが政府側に立って介入したイエメン内戦では、敵対するシーア派の反政府勢力フーシ派をイランが支援するという構図だ。アブド・ラッボ・マンスール・ハディ大統領をサウジアラビアとＵＡＥが支援する形で、反体制派のフーシ派をイランが支援し、サウジアラビアとイランの代理戦争となっている。

中国はサウジアラビア・イラン両国の激しい対立を収《おさ》めることで、中東の地域情勢の安定に大きな貢献をしたことになる。他のアラブ諸国は、単独でイランと事を構える力はなく、サウジアラビアに追随することが多い。サウジアラビアとイランの関係が正常化すると、中東地域全体が一気に安定する。中東地域の地図を見れば分かる通り、サウジアラビアとイランはペルシア湾をはさんで対峙する位置関係になっている。ペルシア湾岸が安定することは、石油の安定供給にとっても必要不可欠である。

さらに言えば、サウジアラビアがイランとの国交正常化を決めたことで、中東地域における力関係が変化する。中東地域における重要な国家として、サウジアラビア、イラン、イスラエルがある。イランに対しては、湾岸諸国を中心にして、脅威論があった。イランの脅威を感じていた中東諸国は、イスラエルとの国交正常化や関係改善を模索していた。イランのパワーに対抗するために、イスラエルを味方にしたいという意向を反映した動きだった。

イスラエルは、１９７９年にエジプトと、１９９４年にはヨルダンと国交正常化を行った。２０２０年には、トランプ大統領の仲介もあり、バーレーン、アラブ首長国連邦（ＵＡＥ）とそれぞれ国交正常化を行った。

イランは、アメリカの同盟国であるサウジアラビアとイスラエル両方と対立していたが、サウジアラビアとの国交正常化に合意した。ここで、アメリカの同盟国同士であるイスラエルとサウジアラビアが国交正常化をしなければ、バランスは崩れ、イスラエルは孤立することになる。そうなれば、アメリカの中東におけるリーダーシップにも大きな影響を与えることになる。アメリカもまたイスラエルと共に、中東で孤立し、重要な役割を果たせなくなる。

そうした事態を防ぐために、アメリカはサウジアラビアとイスラエルの関係を改善させたい。そのためにアメリカが仲介する形で、サウジアラビアとイスラエルの国交正常化交渉が順調に進んでいた。しかし、今回のパレスティナ紛争で、サウジアラビアは国交正常化交渉の停止を発表した。

パレスティナ紛争が起きる前、イスラエルのベンジャミン・ネタニヤフ首相とアメリカのバイデン大統領の個人的な関係は良好ではなかった。バイデン大統領がネタニヤフ首相の司法改革やパレスティナ政策を批判していた。それに対してネタニヤフ首相は反論していた（「バイデン氏、イスラエル首相と秋に会談　関係修復探る」、日本経済新聞、2023年7月18日）。

この時期、習近平国家主席は、2023年10月頃のネタニヤフ首相の訪中を駐イスラエル大使を通じて要請していた（「イスラエル・アメリカ関係が低調な中、中国の習主席がネタニヤフ首相の訪中を『楽しみにしている』と述べる理由」、タイムズ・オブ・イスラエル、2023年7月26日）。中国は、イスラエルとアメリカの首脳同士の関係がぎくしゃくしていることを分かった上で、揺さぶりをかけた。

アメリカからすれば、バイデン大統領とネタニヤフ首相の個人的関係が悪いことを突いて、中国が中東に手を突っ込み、同盟国であるイスラエルにまで秋波を送っていることに、危機感を持ったはずだ。

アメリカにとっての中東地域の二大同盟国であるサウジアラビアとイスラエルの指導者たちとバイデン大統領の個人的な関係が悪いことを利用されて、中国に揺さぶりをかけられてしまうというのは、アメリカの威信が大きく低下していることを示している。

アメリカはインド・太平洋で中国を封じ込めたい――QUAD、AUKUS、NATOのアジア進出

中国が、急速に存在感と影響力を増し、重層的な国際機構作りに成功していることに対して、アメリカは、何とかその拡大を抑え込み、封じ込めたい。バイデン政権の対中国政策のオリジナルは、オバマ政権下の2009年に、当時のヒラリー・クリントン国務長官が提唱した「アジアへ軸足を移す Pivot to Asia《ピヴォット・トゥ・エイジア》」という考えである。このアジアへ軸足を移すという戦略は、アジア地域で台頭する中国の封じ込め戦略であった。これは、戦

後世界において「世界の警察官 World Police《ワールド・ポリス》」の役割を果たしてきたアメリカの最後の矜持《きょうじ》を示すものだ。

2016年にヒラリー・クリントンが大統領に当選していたら、この戦略に従って、アジア地域で戦争が起きていた可能性が高い。トランプが大統領に当選したことで、アジアで衝突が起きなかったのは僥倖《ぎょうこう》だった。

4年遅れてのヒラリー政権であるバイデン政権は、ウクライナと中東での戦争に関与しているが、最重要のターゲットはアジア、中国である。ヒラリーの残した戦略である、「アジアに軸足を移す（＝中国を封じ込める）」を実行したい。そのための枠組みが、QUAD（クアッド）とAUKUS（オーカス）だ。

2019年に定期的な外相会談としてスタートした、日米豪印戦略対話 Quadrilateral《クアドリラテラル・》 Security Dialogue《セキュリティ・ダイアローグ》（QUAD）は、アメリカ、日本、オーストラリア、インドが参加する戦略的対話枠組みだ。2021年からは外相会談とは別に、首脳会談が開催されている。「自由で開かれたインド太平洋」という概念を押し出しているが、実質的には対中封じ込めのための枠組みだ。

日本、アメリカが主導している形だが、オーストラリアもインドも、親中姿勢を示しており、温度差がある。また、中国はＱＵＡＤに対抗する形で、太平洋地域の島嶼《とうしょ》諸国 Pacific island countries《パシフィック・アイランド・カントリーズ》 との関係を強化している。

ＡＵＫＵＳは、オーストラリア Australia、イギリス United Kingdom、アメリカ United States の3カ国が2021年に設立した軍事同盟であり、それぞれの頭文字から名付けられている。ＡＵＫＵＳ発足が発表される前、オーストラリアはフランスとディーゼル潜水艦共同開発の契約を結んでいたが、アメリカがオーストラリアに原子力潜水艦12隻を供与する契約をごり押しし、フランスとの契約は廃棄された。その数時間後に、ＡＵＫＵＳ発足が発表された。事前通告もされていなかったフランス政府は激怒した。

アメリカとイギリスは、オーストラリアに原潜を持たせることで、太平洋地域において中国に対抗させようとしている。また、人工知能（ＡＩ）やサイバー、量子テクノロジーなどで協力を進めるということになっているが、あくまで主眼はオーストラリアに原潜を持たせることだ。ＡＵＫＵＳに対しては、「東のＮＡＴＯ」という批判もある。

これら2つのアメリカ主導の枠組みに加えて、インド・太平洋地域にＮＡＴＯを拡大させようという動きもある。ＮＡＴＯとは北大西洋条約機構の略だ。ＮＡＴＯに加盟しているのは、北米大陸2カ国とヨーロッパ29カ国（EUに加盟させてもらえないトルコを含む）である。NATOは、北大西洋を挟んで北米とヨーロッパが結びついた集団防衛のための国際機構だ。簡単に言えば、設立当時（1949年）は対ソ連、現在は対ロシアの軍事同盟だ。

NATO加盟国に対して、何かしらの攻撃があれば、加盟諸国が一致して防衛や攻撃にあたる。ウクライナは対ロシアの最前線にありながら、長らく正式加盟は認められてこなかった。また、現在も認められていない。それでもアメリカを中心とする西側諸国は、長年にわたり、ウクライナに武器を支援し、軍事顧問団を送るなど、ロシアに対する挑発を続けた。ウクライナはNATOの正式メンバーではないので、ロシアから攻撃されても、NATO諸国にウクライナと共に戦う義務は生じない。そうやって、ロシアを挑発して戦争に引きずり込み、自分たちは血を流さないで（ウクライナ人にだけ戦わせて）、ロシアを叩こうという、アメリカを中心とするNATOの卑怯な目論見《もくろみ》は見事に失敗した。

アメリカは、NATOも対中封じ込め戦略に利用しようとしている。NATOは2023年に入って、インド・太平洋地域に関与領域を広げようとし、東京に事務所を開設する計画を発表した。これに対して、フランスのエマニュエル・マクロン大統領が「インド・

太平洋は北大西洋ではない」と明確に反対を表明して、東京事務所設置の話は持ち越しとなった。

しかし、NATO事務方のトップである事務総長のイェンス・ストルテンベルグは、岸田首相との会談の席上で、「インド太平洋の平和と安定は、欧州大西洋の安定と成長や人々の暮らしとも直結する」と発言し、NATO首脳会談で話が流れた後でも、「東京事務所開設は検討事項として残っており、将来的にまた議論される」として、NATOのインド・太平洋地域への関与拡大を諦めていない（「NATO東京事務所『将来的に検討』と事務総長、仏は慎重姿勢」、ロイター、2023年7月13日）。

NATO事務総長イェンス・ストルテンベルグは、第3章で書いたようにアメリカによるノルドストリーム爆破のお先棒を担いだ人物だ。ストルテンベルグはノルウェーの首相まで務めた人物であるが、1970年代に左派系の新聞の記者を務め、リベラル派の振りをしながら、その頃から既にアメリカの手先だったと批判されている人物だ。「ノルウェーのトニー・ブレア Tony Blair（1953年～、70歳）」などと持ち上げられたこともあったが、皮肉なことにトニー・ブレアは首相時代に、イギリスのイラク戦争参戦ですっかり評判を落とし、アメリカのお先棒を忠実に担ぐ人物として記憶されている。

ストルテンベルグは、トニー・ブレアと同じ、アメリカに忠実な番犬のような人物だ。NATOのインド・太平洋地域への拡大は、アジア地域にとって、非常に迷惑な、そして危険な動きである。

QUADやAUKUSだけでは中国を抑えられないということで、アメリカはNATOまでも引っ張り出して、対処させようとしている。これに対して、フランスが明確な反対を述べたことは大きい。フランスは、2021年にオーストラリアとのディーゼル潜水艦契約を一方的に破棄され、その数時間後にAUKUS発足の発表があったこともあり、英米に対して不信感を持っている。その意趣返しもあり、NATOのインド・太平洋地域への拡大に反対している。

「アジアの皇帝」カート・キャンベル国務副長官指名は、バイデン政権の対中強硬姿勢を鮮明に

2023年11月2日、バイデン大統領がカート・キャンベル Kurt Campbell（1957年～、66歳）国家安全保障会議インド・太平洋調整官 Indo-Pacific Coordinator《インド・パシフィック・コーディネイター》を、

国務副長官に指名したというニューズが流れた。バイデン政権としては、ウクライナと中東に力を削がれてしまう中で、一番のターゲットである中国に注力したいという意図が見える人事である。

キャンベルがインド・太平洋調整官という聞き慣れない役職に就いた際、アメリカのメディアは彼に「アジアの皇帝 Asia《エイジア・》 Tsar《ツァー》」というあだ名を付けた。キャンベルの国務副長官登用は、中国に対して宥和的な国務省のテコ入れをして、アメリカの東アジア、対中国政策をキャンベルに主導させるという人事である。

カート・キャンベル（1957年〜、66歳）
バイデン政権対中政策の司令塔。クリントン政権からの歴代民主党政権で対アジア外交に関わる。バイデン政権２期目は対中国に注力する。

国務省が中国に対して宥和的となったのは、ナンバー２の国務副長官を務めた、ウェンディ・シャーマン Wendy Sherman（１９４９年〜、74歳）の存在が大きかった。

ウェンディ・シャーマンの経歴などについては、前著『悪魔のサイバー戦争をバイデン政権が始める』に書いた。ウェンディ・シャーマンは女性初の米国務長官となった、マデレーン・オルブライト Madeleine Albright（１９３７〜２０２２年、84歳で没）の右腕、側近だったことが重要だ。クリントン政権下で、核開発をめぐる米朝交渉の最前線で陣頭指揮を執った。そして、オルブライト国務長官の北朝鮮訪問

ウェンディ・シャーマン（1949年〜、74歳）
故オルブライト国務長官の側近。バイデン政権の強硬な対中姿勢のブレーキ役だったが退任、バイデン政権２期目は、強硬な対中姿勢が鮮明になる。

を実現させた。これは、米国務長官としては史上初の北朝鮮訪問となった。

ウェンディ・シャーマンは、米国務副長官として、強硬な対中姿勢を取るバイデン政権の中で、ブレーキ役を務めた。

2021年、連邦上院で審議されていたウイグル強制労働防止法案について、「ホワイトハウスは、より広範囲な製品を網羅するのではなく、ターゲットを絞った方法を模索し、他国からの協力も求めよう」としているので、法案成立を遅らせてくれるようにシャーマンが議員たちに働きかけた、という報道が出た。

「ホワイトハウスが中国のウイグル強制労働法案の内容を弱めようとはしていないと発表」（ロイター、2021年12月4日）。報道が出た後シャーマンは中国に甘い態度を取っているとして、批判された。

また、2023年に入り、シャーマンは、国務省内で、ファーウェイに対する厳格な輸出規制を緩和することを訴え、スパイ気球 espionage balloon《エスピオネイジ・バルーン》 騒動が起きて、中止となったブリンケン国務長官の訪中を行うことを主張したとも報じられた（「真相：スパイ気球を撃ち落とした後に、なぜアメリカは対中制裁を遅らせたか」マイケル・マルティナ、ロイター、2030年5月12日）。

この報道が出た直後に、シャーマンの退任報道が出た。シャーマンは中国に対して、一貫して宥和的であった。このことから、バイデン政権が意図的に情報をリークし、バイデン政権内で意見が合わなかったシャーマンを実質的に更迭したと考えられる。

バイデン政権の対中政策の舵取りをしているのは、カート・キャンベルだ。カート・キャンベルは、カリフォルニア大学サンディエゴ校で学士号を取得後に、ソ連時代のアルメニアのエレバン国立大学に留学した。最終的にはオックスフォード大学で国際関係論の博士号を取得した。ソ連時代のアルメニアに留学したことで、ロシア語を話せる。その後は、海軍士官として、統合参謀本部、海軍作戦部長付特別課報ユニットに勤務した。その後、ハーヴァード大学で教鞭を執った。

キャンベルは、ビル・クリントン政権ではアジア・太平洋担当国防副次官補を務め、その後のオバマ政権の２００９年から２０１３年にかけて、ヒラリー・クリントン国務長官の下、東アジア・太平洋担当国務次官補を務めた。この時、キャンベルは、ヒラリーが発表した「アジアに軸足を移す」戦略構築において主導的な役割を果たしている。

キャンベルは、ＱＵＡＤとＡＵＫＵＳの設計者 architect《アーキテクト》 として主導的な役割を果たしている（「ジョー・バイデンがアジア専門家のカート・キャンベルを国務副長官に指名」、フィナンシャル・タイムズ、２０２３年11月1日）。ＡＵＫＵＳ結成の際には、アメリカによるオーストラリアへの原潜12隻の供与契約を取りまとめたのがキャンベルだ。また、これまでもアジアとヨーロッパにおける既存の同盟関係を強化し、中国に対峙することを主張していた。

キャンベルは、ソ連時代に留学していたこともあって、ソ連専門家、ロシア専門家の顔を持つ。QUAD構築とNATOのインド・太平洋地域への拡大は、対ロシア封じ込めの側面も持つ。ウクライナ戦争が起こり、NATOはウクライナ戦争の支援に注力しなければならないのに、対中国だけを名目にして、インド・太平洋地域に拡大するのはやはり無理がある。そこで、対ロシア封じ込めを名目にして、インド・太平洋地域へ拡大する。そのためのNATO東京事務所開設だ。日本が対中、対露の最前線なのである。キャンベルは対中、対ロシア封じ込めに最適の人物だ。

キャンベルの国務副長官指名で明らかになったのは、バイデン政権が対中強硬姿勢を取り、中国を封じ込めたいと考えているということだ。対中国では比較的宥和姿勢を取っていた、ウェンディ・シャーマンが２０２３年６月に国務副長官を辞任し、後任人事について色々と取り沙汰された（臨時の副長官をヴィクトリア・ヌーランド国務次官が務めている）。第1章で取り上げた、歳川隆雄氏の記事にあるように、カート・キャンベルの名前が後任の国務副長官候補として挙がっていた。それが今回、キャンベルの指名が明らかになったことで、バイデン政権は、ウクライナ戦争とパレスティナ紛争を置いておいても、2期目は、対中国強硬姿勢で政策を実行するという決意を持っていることがはっきりした。

ハマスによるイスラエルに対する大規模攻撃とイスラエルの反撃

2023年10月7日、パレスティナ自治区のガザ地区を実効支配するイスラム組織「ハマス Hamas」が、イスラエルに向けてロケット弾などによる激しい攻撃を開始した。イスラエル国民に多くの死傷者が出た。また、外国籍を含む100名以上がガザ地区に人質として連れ去られた。

イスラエルのギラド・エルダン国連大使は、攻撃直後の10月8日に、「これはイスラエルにとっての9・11だ」と発言した。そして、イスラエルはガザ地区に対して、テロリストを掃討するという名目で、地区を封鎖して大規模な空爆を開始した。また、地上軍派遣による大規模な攻撃を予告し、一般市民に対して、ガザ地区北部から南部に退避するように通告した。ガザ地区は、電気も水道も遮断され、国際社会からの支援も届きづらい状況だ。

２０２３年11月1日現在、死者数はイスラエル側で１４００人、パレスティナ側で８５２８人となっている（「【1日詳細】イスラエルとハマスの衝突の死者 合わせて1万人超」、ＮＨＫ、２０２３年11月1日）。

アメリカは10月18日、25日に原子力空母打撃群を東地中海にそれぞれ派遣した。また、米軍部隊は中東地域への派遣に向けて待機態勢を取っている。アメリカは、イスラエルに対して、年間約38億ドル（約５７００億円）の軍事援助を行っている。イスラエルの軍事予算は２０２２年で約２３５億ドル（約3兆５０００億円）、対ＧＤＰ比は約４・５％だ。アメリカはイスラエルに対して手厚い支援体制を取っている。

バイデン大統領は議会に対して、ウクライナとイスラエルに対するさらなる支援１０５０億ドル（約15兆７５００億円）を求めたが、イスラエルへの支援額は１４０億ドル（約2兆１０００億円）だ（11月2日に連邦下院で可決された）。アメリカは、イスラエルに対して、非常に手厚い扱いをしている（「【解説】アメリカにはどこまでイスラエルを守る用意があるのか」、ジョナサン・ビール、BBC News Japan、２０２３年10月25日）。

ウクライナ支援が連邦議会では反対が多く、可決が難しいと考えられている中で、とりあえず、下院でイスラエル支援予算が可決された。共和党右派の議員たちは、「これでは十分ではない」という理由で反対している。ウクライナ支援との格差（成立のめどが立っていない）を考えると、アメリカのイスラエルに対する確固とした支援姿勢は際立つ。

アメリカのアントニー・ブリンケン国務長官とジョー・バイデン大統領は紛争発生後に、イスラエルと周辺諸国を訪問した。ブリンケン長官もバイデン大統領も「イスラエルに対する揺るがない支持」を表明するとともに、「パレスティナに対する人道支援の実施」についても言及した。その中で、10月19日に、バイデン大統領はテレビ演説の中で、イスラエルとウクライナに対する「アメリカ史上これまでにない規模の支援」を行うための予算を連邦議会が認めるように求めた。

なぜ、アメリカがイスラエルに対して、他の同盟諸国に比べて、破格の扱いをしているのかということについては、ジョン・J・ミアシャイマー、スティーヴン・M・ウォルト著『イスラエル・ロビー』（副島隆彦訳、講談社、2007年）に詳しい。イスラエル・ロビーと呼ばれる、親イスラエルのユダヤ系諸団体（代表格が、アメリカ・イスラエル公共問題委員会［AIPAC］と名誉毀損《きそん》防止同盟［ADL］）が、アメリカの政治家たちへの投票や政治献金を通じて（逆らえば、投票や政治献金を行わず落選させることもできると認識させて）、政治に関与することで、アメリカはイスラエルへ手厚い支援を行うようになっている。

今回のパレスティナ紛争についてのアメリカ国内の世論について見てみる。CBSニューズが2023年10月30日から11月3日にかけて行った世論調査の結果によると、イスラエルへの武器支援には、賛成55％、反対45％、ウクライナへの武器支援には賛成53％、反対47％だった。興味深いのは、支持政党別の結果で、イスラエルへの武器支援に関しては、民主党支持では賛成53％、反対47％、共和党支持では賛成65％、反対35％だった。

ウクライナ支援に関しては、民主党支持では賛成70％、反対30％、共和党支持では賛成45％、反対55％だった。イスラエルへの武器支援に関しては、共和党支持者が積極的で、民主党支持者が消極的、ウクライナ支援に関しては、民主党支持者が積極的で、共和党支持者が消極的という結果だった。

アメリカ国民は、「ハマスのテロ攻撃を受けたイスラエル」に親近感を覚え、「ハマスに対する報復は当然」と考えているようだ。イスラエルのギラド・エルダン国連大使が「これはイスラエルにとっての9・11だ」と述べたのも効果的だった。2001年の同時多発テロ事件の報復として、アメリカは、アフガニスタンとイラクに侵攻した。アメリカにしてみれば、イスラエルのガザ地区に対する過烈な攻撃もまた、テロ組織に対する正当な報復だということになる。

キュニピアック大学が2023年10月12日から16日にかけて行った世論調査では、イスラエルへの武器支援に関して、年齢別の調査で興味深い結果が出た。18歳から34歳の若者層では、賛成39％、反対51％、35歳から49歳の壮年層では、賛成59％、反対35％、50歳から64歳の実年層では賛成77％、反対17％、65歳以上の高齢層では、賛成78％、反対15％だった。若い世代がイスラエルへの武器支援に消極的で、年齢が上がると積極的という結果になった。若者たちは、アメリカのイスラエル支援に反対している。これは、アメリカ、イスラエル両国の将来の関係に大きな影響を与えることになる。

バイデンのイスラエル偏重姿勢に対しては、お膝元の民主党に所属している、連邦下院議員からも反対の声が上がっている。そして、アメリカ国内のイスラム教徒たちの反感を買っている。民主党反主流派で、アレクサンドリア・オカシオ＝コルテスと共に、進歩主義派の議員連盟ジャスティス・デモクラッツに所属しているラシーダ・タリブ（ミシガン州選出、両親がパレスティナからの移民）は、バイデンのイスラエルに偏った支援政策を批判している。

さらに、イスラム教徒たちはバイデンに反発を強め、イスラム教徒の団体はバイデンの再選を支持しないとまで発表している。(「ガザ情勢対応で『バイデン離れ』表面化 24年大統領選に悪影響も」、毎日新聞、2023年10月28日)。

ここで重要なのは、ラシーダ・タリブ Rashida Talib(1976年〜、47歳)議員がミシガン州選出であることだ。ミシガン州は2016年、2020年の大統領選挙では激戦となり、この州で勝った候補者が、最終的に勝者となった。ミシガン州で、イスラム教徒からの投票を失うことはバイデンにとっての大きな痛手である。バイデンと大統領補佐官のジェイク・サリヴァンは、イスラム教徒組織の指導者と会談を持つなどして、何とか宥《なだ》めようとしているが、パレスティナ側の犠牲者が増加している状況では効果はない。イスラエルが攻撃を激化させている中で、バイデンとアメリカに対しては、国内外で、批判が高まっている(「バイデン氏に最大試練=イスラエル擁護、支持者離れも――米、中東緊迫で内憂外患」、時事通信、2023年11月6日)。

2023年10月17日に、国連安保理で、ロシアが提出した、ハマスを非難せずに停戦を求める内容の「ガザ停戦」決議案が採決され、否決された。賛成はロシア、中国、アラブ首長国連邦（UAE）、ガボン、モザンビークの5カ国、アメリカ、イギリス、フランス、日本の4カ国が反対、ブラジル（議長国）、スイス、ガーナ、アルバニア、エクアドル、マルタの6カ国が棄権した（「ロシアの『ガザ停戦』決議案、国連安保理で否決　ハマスへの非難なく」」、朝日新聞デジタル版、2023年10月17日）。

さらに、2023年10月25日には、アメリカが提出した「戦闘の一時的な停止」を求める決議案、ロシアが提出した「即時停戦」を求める決議案がともに否決された。アメリカの提案には、賛成が10カ国であったが、中国とロシアが拒否権を行使した。ロシアの提案には賛成が4カ国であった（「国連安保理　アメリカとロシアの決議案　いずれも否決される事態」」、NHK、2023年10月26日）。パレスティナ紛争もまた、大国間の政治の駆け引きの対象となっている。

アメリカの意向を無視するイスラエルがアメリカを追い詰める

イスラエルは、イスラエル国防軍の地上部隊をガザ地区北部に進め、地上戦を行いつつある。その中で、病院や難民キャンプなどが攻撃を受け、多数の死傷者が出ている。イスラエルとしては、「あらかじめ、非戦闘員はガザ地区南部に避難するように警告してある。避難のための時間的猶予も与えた」と主張するだろう。しかし、100万人以上の人々が避難することは不可能だ。

太平洋戦争末期の沖縄戦では、日本軍はアメリカ軍の攻撃前に、非戦闘員を沖縄本島北部の山原《やんばる》地方に避難させる方針だったが、避難はうまくいかず、非戦闘員が戦場に残ることになり、当時の県民の4分の1が亡くなる結果となった。ガザ地区も同じで、これから多くの民間人の死傷者が出るだろう。

アメリカのバイデン大統領は、「戦略的な停戦 strategic ceasefire《ストラテジック・シースファイア》（全面的な停戦ではない）」という言葉で、イスラエルの面目が保たれる形で、とりあえず停戦を行うように、ネタニヤフ首相に要請した。ネタニヤフ首相は検討を約束したが、全面的な停戦に応じる様子は見せていない。また、戦争終結後のガザ地区は、イスラエルが統治管理を行うと述べた（「イスラエル首相、『戦術的な戦闘の中断』検討……首脳電話会談でバイデン氏が提起」、読売新聞、2023年11月7日）。

アメリカとしては、強固なイスラエル支持を表明したが、イスラエルへの批判が強まり、アメリカ国内外でバイデン大統領への批判も高まっている中で、何とか一時的にでも停戦をさせたい。イスラエル側は、アメリカ側のそのような意図を見抜いて、強気に対応している。ネタニヤフ首相は、ガザ地区北部の占領を実施して、イスラエルとパレスティナの二国家共存（アメリカが仲介して実現した）を消滅させようとしている。

イスラエルの諜報機関として「モサド（Mossad、Institute for Intelligence and《インスティテュート・フォ・インテリジェンス・アンド・》 Special Operations《スペシャル・オペレイションズ》、イスラエル諜報特務庁）」と並ぶ存在の「シンベト（Shin Bet、Israel Security Agency《イスラエル・セキュリティ・エージェンシー》、イスラエル総保安庁）」の長官を務めたアミ・アヤロンという人物にＮＨＫが取材をした記事があり、その中で重要なことが語られている（「イスラエル情報機関元トップが語る『ハマスを怪物にしたのは？』」、ＮＨＫ、２０２３年10月24日）。

攻撃を察知できなかった背景は？

イスラエルの諜報活動は「ＳＩＧＩＮＴ（通信傍受など）」や「ＨＵＭＩＮＴ（人的情報収集）」などを基本としています。

ですが、ガザでは人的な情報収集という面では弱い、と言わざるを得ません。

そして、ハマスは十分に賢く、インターネットや携帯電話を使いませんでした。今回の攻撃の全体像を正確に把握していたのは、ハマスの中でも10人いるかいないかだと思います。

これまでのガザ政策は間違いだった？

私は20年以上前にシンベトを去りましたが、多くの軍司令官、特にシンベトの長官はみな「ガザに対する政策は間違っている」と言い続けました。

間違った前提に基づいた政策であり、そもそもハマスの理論と戦略を理解していない人たちによる政策だったのです。

選挙で選ばれたのだから何をやってもいい、という考えに基づくもので、そうした政策は15年続きました。

「中東和平交渉の基本方針となってきた2国家共存の実現の阻止、イスラエルの隣にパレスチナ国家が誕生するのを阻止するためなら何でもする」という考え。

そのためには、パレスチナの人々を分断しなければなりませんでした。

この15年間、ネタニヤフ首相率いるイスラエル政府にとって、ハマスが支配するガザとパレスチナ自治政府のヨルダン川西岸を分断することは、非常に都合のいいことでした。

「パレスチナ人には統一した政府、指導部がない。だから、私たちは交渉することができない」

国際社会に対しても、国内向けにも「交渉したいのはやまやまだが、どうすればいいのか。話し合う相手がいない。話すことは何もない」と簡単に言うことができたのです。

しかし、これは完全に間違っています。

パレスチナの人々は自分たちを1つの民族とみなしています。よりよい経済やよりよい教育だけを求めているのではありません。自由を勝ち取り、占領が終わることを求めているのです。

ハマスとファタハをどんなに分断させようとも、少なくとも占領を終わらせるということに関して、彼らが分断されることはないのです。

首相はハマスを〝怪物〟と言ったが?

ハマスは怪物になりましたが、それはネタニヤフ首相の〝助け〟があったからです。その意味で、ネタニヤフ首相に責任があります。そのことは、イスラエルの誰もが理解しています。

率直に言って、今回のハマスによる攻撃がイスラエルの人々に、そしてイスラエルの社会にどんな影響を与えるのか、想像もつきません。

今のところは恐怖です。社会全体が恐怖に覆われ、ショック状態にあります。多くのイスラエル人が恐怖を感じ、そして、復讐を求めています。

何が起こったのか、本当に理解するには長い時間がかかると思います。

1993年に、ノルウェーが仲介しながら、最後はアメリカが手柄を横取りする形で成立した、オスロ合意によって「二国家共存 Two-state solution《トゥー・ステイト・ソリューション》」が成立した。これで、パレスティナ国家が樹立されることが決まった。イスラエル右派からすれば、このような案は到底受け入れられない。何とか潰そうとして躍起になってきた。ネタニヤフもそのうちの1人だ。ハマスもまた、二国家共存を認めていない（イスラエルの存在を認めていない）。

ネタニヤフとハマス、イスラエル右派とパレスティナ過激派は共に、二国家共存を無効にしようとしている。イスラエル右派が政権を取り、二国家共存路線を放棄する動きを強めれば強めるほど、ガザ地区でのハマスの人気は上がり、基盤が強固になっていく。「ハマスはネタニヤフ首相が育てた」という、イスラエル国内の二国家共存路線支持派の主張は的を射ている。

ここからは私の考えであるということをあらかじめお断りしておく。私は、今回のパレスティナ紛争は、イスラエルがわざとハマスに攻撃する隙を与え、イスラエルを攻撃させたものだと考えている。その理由は、ハマスの攻撃を口実に、イスラエルがガザ地区を徹底的に破壊し占領を行い、二国家共存を台無しにするということだったと考えるからだ。右派のネタニヤフ政権がそのように仕組んだのだろう。

しかし、ここで、イスラエルのそのような意図をも利用したのが、イランと中国だ。イスラエルのこの危険な意図を利用して、イスラエルとアメリカを孤立に追い込む、そのために、イランはハマスを利用した。そのためにハマスに対して大規模な援助を行った。

イスラエルのガザ地区への激烈な攻撃によって、サウジアラビアが、アメリカが仲介するイスラエルとの国交正常化交渉に応じることは、今後できなくなった。イスラエルにとっては、中東において、国交正常化を通じての安全保障環境の改善が不可能となった。アメリカは、中東における二大同盟国の関係を改善させることに失敗し、その影響力と威信を低下させている。簡単に言えば、アメリカの面子《めんつ》は丸潰《まるつぶ》れだ。

イランの後方には中国が控えている。サウジアラビアとイランの国交正常化の仲介に成功した中国からすれば、さらに中東地域における地歩を固めておきたい。そのためには、サウジアラビアをより中国側に近づけておきたい。そして、アメリカとは距離を取らせておきたい。そのためには、イスラエルとの国交正常化交渉を進めさせたくない。また、アメリカの中東での存在感や威信を低下させ、中国の存在感を増しておくことは、石油の確保と一帯一路計画、ブリックスの拡大にとって利益となる。

ウクライナ戦争とパレスティナ紛争から見えてくるアメリカの威信の低下

ウクライナ戦争とパレスティナ紛争が顕著に示しているのは、アメリカの衰退である。何でもかんでもアメリカの衰退に結び付けるな、という批判もあるだろうが、世界のあちこちで起きている紛争の現状を見れば、アメリカの威信の低下ははっきりしている。

ウクライナ戦争では、ウクライナでの火遊び（軍事支援）を行って、ロシアを挑発し、最終的に、ロシアをウクライナに攻め込ませることに成功した。外形的に見れば、ロシアがウクライナを侵略したということになり、ウクライナを支援し、ロシアに制裁を科すアメリカは、「正義の味方」である。以前であれば、正義の味方であるアメリカが支援する方が正しくて、敵方は世界全体の敵ということになった。しかし、今回のウクライナ戦争ではそうはならなかった。

ウクライナ戦争は、ウクライナを支援する西側諸国と、ロシアを支援する西側以外の国々という形で分かれており、ロシアは、アメリカをはじめとする西側諸国の想定を超えて、戦争を継続している。アメリカと西側諸国の計算は崩れ、ウクライナ戦争をめぐって、西側諸国も泥沼に足を取られる形になった。アメリカは、生産力の限界もあり、軍事支援が厳しくなっている。また、国内ではウクライナ支援反対の世論が高まっており、ウクライナを全面的に支援することは不可能になっている。

パレスティナ紛争について言えば、アメリカはイスラエルを全面支援する姿勢は変えていないが、紛争をエスカレーションさせないようイスラエルに要請している。しかし、イスラエルはガザ地区に対する攻撃の手を緩めず、犠牲者は増加している。

今回のパレスティナ紛争では、「イスラエルは自衛権の行使だとして攻撃をしているが、あれは過剰防衛だ」「このまま進めば、中東で大規模な戦争が起きてしまう」ということで、イスラエルに対する批判や不支持の声が世界中で高まっている。さらには、アメリカ国内外で、バイデン大統領に対する批判が強まっている。パレスティナ紛争でも、これまでとは異なり、アメリカとイスラエルへの支持は高まっていない。

２０２３年に世界的に起きた重要な出来事は、歴史の大きな転換の前触れだ。それらは、西側諸国 the West《ザ・ウエスト》 対西側以外の国々 the Rest《ザ・レスト》 の分裂、西側諸国の全体的な衰退と、西側以外の国々の台頭、アメリカが築き守ってきた戦後世界体制の動揺は、西洋支配６００年、戦後世界体制80年、アメリカの覇権の終焉《しゅうえん》を物語っている。

第5章

覇権国でなくなるアメリカとこれから覇権国になる中国

この章では、これまで見てきた、アメリカ政治や世界政治の状況をまとめて、より大きな構図から見ていきたい。これまで様々なテーマについて書いてきたが、一貫しているのは、「アメリカの衰退 decline《デクライン》」だ。

客観的に見て、戦後世界体制を構築し、覇権国 hegemon《ヘジェモン》として、君臨してきたアメリカは、覇権国の座からの転落の危機に瀕している。

しかし、アメリカとしては、覇権国であることで得られる利益を手放したくない。アメリカが覇権国であることで得られる最大の利益は、ペトロダラー体制（石油の取引決済はドルだけで行い、産油国は石油を売って得たドルでアメリカ国債を買う）だ。これが危うくなりつつある。石油の人民元決済が導入される、もしくはブリックスが共通通貨を使い始めれば、ドルのみでの決済体制は崩れてしまう。ドルの世界基軸通貨の地位が揺らぐことになる。

ドル以外の通貨での決済の可能性が取り沙汰されるようになったこと自体が、アメリカの衰退の深刻さを物語っている。

世界最強のアメリカ軍の優位性を保つためにもアメリカは躍起になっている。2022年度のアメリカの軍事予算は、世界最高の約8770億ドル（約132兆円）だ（対GD

P比3・45％）。トランプ政権からバイデン政権にかけて軍事予算は増加を続けている。同時に、アメリカ政府は、同盟諸国、特に先進諸国に対して、軍事予算の対GDP比2％を達成するように求めている（「米国防長官『国防費はGDP比2％以上に』　同盟国に要請」、日本経済新聞、2022年9月18日）。

2022年の軍事予算で見れば、日本1・08％、イギリス2・33％、ドイツ1・39％、フランス1・94％となっており、アメリカが特に軍事予算の増額を促している対象は、日本とドイツだ。アメリカは世界中に米軍を展開する負担に喘いでいる。その負担を少しでも減らすために、同盟諸国に対して軍事予算の増額を求めている。西側諸国全体で、軍事的優位を維持したい。そのために同盟諸国の軍隊をアメリカの戦略に組み入れようとし、軍備増強を行わせようとしている。

ポール・ケネディ Paul Kennedy（1945年～、78歳）は、世界的なベストセラーとなった著書『大国の興亡――1500年から2000年までの経済の変遷と軍事闘争（*The Rise and Fall of the Great Powers: Economic Change and Military Conflict from 1500 to 2000*）』（1987年、邦訳は1988年）の中で、イギリス帝国の衰退の原因を、広大な植民地経営とその防衛のための過剰な軍事力維持の負担による、「戦略における過度な拡張（strategic over-extension《ストラテジック・オーヴァー・エクステンション》）」にあると主張した。アメリカはまさに、戦略における過度な拡張状態に陥っている。

アメリカは、アメリカ軍を世界各地に展開し（主に日韓とヨーロッパ）、その財政負担は過重なものとなっている。アメリカ連邦政府の財政赤字は膨らみ続け、連邦議会がアメリカ連邦政府の債務上限を引き上げることが毎年の恒例行事になっている。アメリカの優位性を守るためにも、ペトロダラー体制を守るためにも、世界最強のアメリカ軍を維持しなければならないが、そのための負担は増し続けるというジレンマに陥っている。

中国の軍事予算は世界第２位の約２９２０億ドル（約44兆円）であり、毎年増大しているが、それでも対ＧＤＰ比は１・６％に過ぎない。中国の軍事予算増加を懸念する声が多いが、数字で見てみると、それほどのことはない。

これまで見てきたように、アメリカは国内外で威信を失い、覇権国の地位から滑り落ちそうになっている。そして、台頭著しい中国は、衰退するアメリカに代わって、覇権国となると考えられる。覇権国の交代ということはあり得るのか、覇権国の交代はどのようにして起きるのか、覇権国の交代によって世界はどう変わるのか、ということについて、国際関係論という学問分野で研究され、興味深い理論が提示されている。

国際関係論の覇権国交代理論である覇権戦争論と長期サイクル論

国際関係論の分野では、覇権国の交代について2つの有名な理論がある。ロバート・ギルピンが提唱した「覇権戦争 hegemonic war《ヘジェモニック・ウォー》」論とジョージ・モデルスキーが主張した「長期サイクル long cycles《ロング・サイクルズ》」論だ。

両方とも、世界秩序を作り出す覇権国と、その既存の世界秩序に不満を持つ挑戦国 challengers《チャレンジャーズ》との間に争いが起き、戦争が始まり、その結果、挑戦国が勝てば、覇権国の交代が起きるという内容である。アメリカの衰退と中国の台頭という国際状況の中で、覇権交代に関する注目すべき理論だ。

覇権戦争論を提示した、ロバート・ギルピン Robert Gilpin（1930～2018年、87歳で没）は、1952年にヴァーモント大学を卒業後、1954年にコーネル大学で修士号を取得した。3年間アメリカ海軍に勤務した後、カリフォルニア大学バークレー校の博士課程に進み、1960年に博士号を取得した。1962年からは長くプリンストン大学で教鞭を執った。ギルピンは、「覇権安定論 hegemonic stability theory《ヘジェモニック・スタビリティ・セオリー》」を提唱したことで知られている。

覇権安定論とは、「ある国が覇権国として存在する場合、国際システムは安定する」という考えだ。覇権国は他国を圧倒する経済的な強さ、圧倒的な技術的優位性、新しい国際法や国際機関を生み出す、圧倒的な政治的強さと軍事力の優位性を持つとされ、それによって、自国に有利な世界体制を構築する。他国が、覇権国が生み出した、国際法や規範に従うことで、世界体制は安定する。「ローマの平和 Pax Romana《パクス・ロマーナ》」「イギリスの平和 Pax Britanica《パクス・ブリタニカ》」「アメリカの平和 Pax Americana《パクス・アメリカーナ》」などは、歴代の覇権国がもたらす安定、秩序、平和を示す言葉だ。

ギルピンは、覇権国の交代について、『覇権国の交代 *War and Change in World Politics*』（原著は1981年、邦訳は、納家政嗣監訳、徳川家広翻訳で、2022年、勁草書房）という本を書いた。1981年に書かれた本だが、40年も経ってようやく翻訳された。原題をそのまま訳せば、「世界政治における戦争と変化」であるが、「覇権国の交代」という邦題は素晴らしい。また、最近になって日本で出版されたのは、良いタイミングだった。

ギルピンの覇権戦争論には、5つの前提が存在する。

一つ目は、国際システムは、そのシステムを変えようと試みることで利益を得られると考える国がなければ、安定する（均衡《きんこう》状態［state of equilibrium《ステイト・オブ・エクリブリウム》］）。

二つ目は、ある国は、得られる利益がコストよりも大きいということになれば、国際システムに挑戦する。

三つ目は、ある国は、限界コストが限界利益と同等のレヴェルになるまで、領土的、政治的、経済的拡張を通して、国際システムを変更しようとする。

四つ目は、さらなる変化と拡大におけるコストと利益が均衡状態に達すると、現状維持status quo《スタータス・クオー》のための経済的コストが上昇し、それを支えるだけの経済能力の上昇スピードを超える。

五つ目は、こうして国際システムにおいて不均衡disequilibrium《ディスエクリブリウム》が生じて、それが解消されないと、システム自体が変更され、力の再分配を反映した、新しい均衡状態が確立される。

覇権国は、自分に都合の良い国際システムを構築し、他国を圧倒する経済力、技術的優位、世界規模で展開可能な軍隊を保有する。そして、この国際システムから利益を得る。しかし、そうした国際システム維持のためのコスト（強大な軍事力の維持など）が上昇すると、覇権国の力が落ちていく。一方で、覇権国以外に力をつけて台頭してきた大国が、既存の国際システムの中での立場や力の配分の不均衡に不満を持ち、変更を迫ろうとして戦争が起こりやすくなる。これが覇権戦争 hegemonic war《ヘジェモニック・ウォー》 ということになる。

覇権戦争は、どの国が国際システムの中で、優位となり、支配をするのかを決める戦争だ。ギルピンは、覇権戦争には3つの特徴があるとしている。

一つ目は、すべての大国が参加する、世界システム全体での争い system-wide conflict《システム・ワイド・コンフリクト》 となる。二つ目は、総力戦 total war《トータル・ウォー》 となる。三つ目は、地理的範囲が拡大し、システム全体を巻き込むために、世界戦争 world war《ワールド・ウォー》 となる。

ギルピンによると、歴史的に見て、覇権戦争の条件に当てはまるのは、アテネ対スパルタのペロポネソス戦争（紀元前431～404年）、ローマ対カルタゴの第二次ポエニ戦争（紀元前218～201年）、イギリス、スウェーデン、デンマーク、オランダ対神聖ローマ帝国（ハプスブルク家）の30年戦争（1618～1648年）、フランスのルイ十四世の起こしたオランダ侵略戦争・スペイン侵略戦争（1667～1713年）、フランス革命とナポレオン戦争（1792～1814年）、第一次世界大戦（1914～1918年）、第二次世界大戦（1939～1945年）だ。それぞれ、覇権国がアテネ、ローマ、イギリス、アメリカであり、挑戦国がスパルタ、カルタゴ、神聖ローマ帝国、フランス、ドイツとなる。

歴史的に見て、イギリスからアメリカへの覇権国の交代では、戦争は起きなかった。そして、これまでの挑戦国のほとんどは、挑戦に失敗し、覇権戦争に敗れ、自国に有利な国際システムの構築はできなかったということになる。しかし、覇権国になると、自国にとって利益となる国際システムを構築することはできても、その維持のためのコストが上昇し、また、挑戦国からの挑戦を受けるために厳しい立場に追い込まれることになる。

長期サイクル論を主張した、ジョージ・モデルスキー George Modelski（１９２６～２０１４年、88歳で没）は、ポーランド生まれで、１９５５年にロンドン・スクール・オブ・エコノミクスで博士号を取得した。その後は、オーストラリア国立大学で上級研究員を務めた後、長くワシントン大学教授を務めた。国際関係論分野においては、モデルスキーは覇権循環論 hegemonic cycle theory《ヘジェモニック・サイクル・セオリー》 の泰斗《たいと》だ。モデルスキーは、１９８７年に『世界システムの動態——世界政治の長期サイクル *Long Cycles in World Politics*』（邦訳は１９９１年）を出版した。

モデルスキーのサイクル論は以下の通りだ。世界覇権国に関しては、100年周期のサイクルが存在する。そのサイクルは、4つのフェーズで構成される。

一つ目のフェーズでは、世界的な規模での、一世代（約30年間）にわたる、「世界戦争 global wars《グローバル・ウォーズ》」が起きる。その後に、勝者が「世界大国《たいこく》 world power《ワールド・パワー》」として登場する。この世界大国は覇権国と言い換えて良い。

二つ目のフェーズでは、世界大国は、自らが掲げた世界規模での課題解決のために「リーダーシップ leadership」を発揮し、世界的な規模での秩序を維持する。

三つ目のフェーズでは、課題解決に失敗したり、課題が変化したりすることで、世界大国のリーダーシップの「非正統化 delegitimization《ディレジティマイゼイション》」が起きる。

四つ目のフェーズでは、力の構造が分散的 deconcentration of dominance《ディコンセントレイション・オブ・ドミナンス》になり、新しい課題を掲げる「挑戦国 challengers《チャレンジャーズ》」が現れる。

モデルスキーは、近代以降に覇権国の交代のサイクルが5つあったとしている。

第1サイクルは、1494～1580年で、1494～1516年に、イタリア、そしてインド洋で戦争が起き（フランス対スペイン・ポルトガル）、これが世界戦争となった。結果として、ポルトガルが世界大国になった。第1サイクルの後半では、ポルトガルのリーダーシップの非正統化が起き、スペインが挑戦国として、台頭した。

第2サイクルは、1581〜1688年で、その間に、1580年から1609年に、スペイン・オランダ戦争（スペイン対オランダ・イギリス）が起きた。結果として、オランダが勝利し、オランダがこのサイクルでの世界大国となった。このサイクルでも後半にリーダーシップの非正統化が起き、フランスが挑戦国として台頭した。

第3のサイクルは、1688〜1791年で、1688〜1713年に、オランダ侵略戦争、スペイン継承戦争（フランス［ルイ14世］対イギリス・オランダ）が起きた。この戦争の結果、イギリスが世界大国となった。このサイクルの後半では、フランスが再び挑戦国として登場した。

第4のサイクルは、1792〜1913年で、1792〜1815年に、フランス革命とナポレオン戦争（フランス［ナポレオン］対イギリス）が起きた。結果は、イギリスが勝利し、世界大国の座を守った。このサイクルで挑戦国として台頭したのはドイツだった。

第5のサイクルは、1914年から現在までで、1914〜1945年に第一次世界大戦と第二次世界大戦が起きた。この世界戦争で、アメリカはドイツの挑戦を退け、世界大国となった。

西洋近代成立後の６００年間に、西洋諸国の中で、ポルトガル、スペイン、オランダ、イギリス、そして、アメリカと循環してきた。その間に、覇権国に対する挑戦国として、フランスやドイツが出現した。西洋近代において、世界覇権国は、西洋世界の中で持ち回りであった。

ギルピンやモデルスキーの理論を敷衍《ふえん》して考えると、アメリカの戦後世界の覇権に対しての挑戦国となりえたのは、旧ソヴィエト連邦や、経済力を蓄えた日本であった。しかし、どちらもアメリカに挑戦することなく、没落していった。旧ソ連が消滅したことで、冷戦時代が終わり、経済成長が著しかった日本もバブル経済崩壊後の失われた30年間で、すっかり衰退国家となった。

20世紀末から21世紀初めにかけて、アメリカの一極支配体制 unipolar system《ユニポーラー・システム》 が確立された。西側諸国にアメリカの覇権を脅かす国は存在しなかった。そこに急激な経済成長を遂げている中国が出現した。アメリカは、非西洋社会から初めての挑戦を受けることになった。これは、西洋近代成立から６００年、さらには世界史上でも、初めてのことだ。

世界は西洋支配の前の状態に戻る

ギルピンの覇権戦争論とモデルスキーの長期サイクル論は、ともに、西洋近代（近代世界システムとも言う）が成立した15世紀からを対象とした理論である。言ってみれば、西洋中心主義的な Eurocentric《ユーロセントリック》 理論だ。西洋近代が成立してからの覇権国はすべてが西洋諸国である。つまり、共通の政治的、経済的、社会的、文化的、基盤を持つ国々の間だけで、「覇権」が移動して、アメリカに移ってきたということだ。

繰り返し書いているように、次の覇権国は中国である。西洋近代、西洋による世界支配が始まって600年余り、初めて、「非西側」の国である中国に覇権が移る。西洋、欧米諸国の中だけで、リレーのバトンのように渡してきた覇権が初めて流出するという事態であり、西洋近代の中で行われてきた、パターン、サイクルが、今回の覇権の移動にそのまま適用できるとは考えにくい。今のところ、直接的な戦争によって中国がアメリカから覇権を奪い取るとイメージすることはできない。

西洋中心主義から脱却した、世界史の見方をする「グローバル・ヒストリー global

history」という考えが出てきている。この考えの根本は、「ヨーロッパが元々世界最先端の場所で、他の地域よりも進んでいたという見方は誤りだ」というものだ。ヨーロッパ以外の地域、中東やアジアの方が進んでいた。ヨーロッパは辺境に過ぎなかったが、経済発展し、偶然の要因で世界を支配するようになったが、それもたかだか18世紀以降のことだ。

　私は今から20年ほど前にアメリカの大学院で、東アジア地域研究 East Asian Regionl studies《イースト・エイジアン・リージョナル・スタディーズ》のコースを受講したが、その時に、日中間の文化的な研究に関する著作の他に、グローバル・ヒストリーの著作も課題に指定されており、非常に興味深く読んだ。それは、私が習った歴史、高校時代の世界史や、大学で習った経済史などの根底にあった西洋中心主義の常識を打ち崩してくれたからだ。グローバル・ヒストリーの名著は、近代以前のアジアの優位と、20世紀末から21世紀は、アジアをはじめとする、非西洋地域が勃興し、多様化の時代になるということを教えてくれる。

『リオリエント――アジア時代のグローバル・エコノミー *Reorient: Global Economy in the Asian Age*』（１９９８年、邦訳は山下範久訳で２０００年）でアンドレ・グンダー・フランク Andre Gunder Frank（１９２９〜２００５年、76歳で没）は、18世紀までは東洋の方が西洋よりも発展しており、西洋の勃興は、１８００年頃の東洋の長期的な衰退の結果に過ぎないと主張している。西洋諸国はアメリカ大陸の植民地からの銀を使って、より栄えていた東洋の産物を購入していた。これは、20世紀の西洋と東洋の関係と同じであり、従って、世界経済の中心は再び、東洋、特に中国に戻ると述べている。「リオリエント Reorient」という言葉は、「方向づけ orient を変える」という意味と、「オリエント Orient（東方）が再び勃興する」の2つの意味を持っている。

『大分岐――中国、ヨーロッパ、そして近代世界経済の形成 *The Great Divergence: China, Europe, and the Making of the Modern World Economy*』（2000年、邦訳は川北稔監訳で2015年）で、ケネス・ポメランツ Kenneth Pomeranz（1958年〜、65歳）はアジアとイギリスを比較し、18世紀後半までは、どちらも類似の高度な発展を遂げたが、そこから大きく分岐 great divergence《グレート・ダイヴァージェンス》し、そこからの150年間で、イギリスが飛躍的に発展したが、その理由は発展の制約となる環境圧力がヨーロッパになかったことだとする。

具体的には、天然資源（石炭）の存在（これによって蒸気機関の発達が容易になった）、安定した食料供給源と工業製品の市場となるアメリカ大陸からの距離の近さなどがあり、これらの要因は偶然の産物に過ぎないとポメランツは主張した。それまでの西洋中心史観では、ヨーロッパはアジアよりも数世紀は進んでいるとされていたが、ポメランツはそれを否定した。

『ヨーロッパ覇権以前――もうひとつの世界システム *Before European Hegemony: The World System A.D. 1250-1350*』（1991年、邦訳は佐藤次高、斯波義信、高山博、三浦徹訳で2001年）で、ジャネット・リップマン・アブー＝ルゴド Janet Lippman Abu-Lughod（1928～2013年、85歳で没）は、13世紀には、中国からヨーロッパにいたる貿易システムが完成しており、その中には8つのサブシステムが存在したと主張している。それらをより大きな3つの回路、西ヨーロッパ、中東、東アジアがつなぐ形になっていた。この13世紀の世界システムでは、ヨーロッパは中心ではなく、一部に過ぎなかった。13世紀の世界システムは、14世紀後半に衰退した。疫病などの蔓延によって、それぞれのサブシステムも衰退し、回路も閉じてしまった。その後、16世紀にヨーロッパが勃興した。西洋の覇権が成立する以前 before European hegemony《ビフォー・ヨーロピアン・ヘジェモニー》 には、多様なサブシステムを持つ、世界システムが成立していた。その後、ヨーロッパが勃興し、西洋覇権によって、世界は単一のシステムに統合された。

西洋近代、西洋覇権の時代が終わり、世界はまた、西洋近代以前の時代に戻る。中国は世界最大の覇権国となるが、1800年代までの清帝国がそうであったように、他国に干渉するような、積極的な支配は行わない。なぜなら、西洋近代600年の間に覇権国となった国々は、他国への積極的な介入や世界支配によって最終的に覇権国の座から滑り落ちているからだ。中国は、西洋近代の意味での世界覇権国にはならない。中国の価値観を押し付け、世界をそれ一色にしようということはない。現在の世界体制をある程度引き継ぎながら、より多様で、重層的な世界体制を志向する。

米中間で戦争が起きるか

日本人にとっての大きな心配事は、「アメリカと中国の間で戦争が起きるか？」ということだ。ロバート・ギルピンの言葉を借りれば、「アメリカと中国の間で覇権戦争が起きるか？」ということだ。日本は、地理的にアメリカと中国の間に位置し、米中戦争となれば、大きな被害を受けることになる。日本の位置とアメリカ軍が配置されている属国という立場から、米中開戦となれば、日本は「中国沖に浮かぶアメリカの空母」にされて、自衛隊も総動員ということになり、日本の領土が攻撃される可能性も高い。

日本国内には「アメリカと一緒に中国と戦うぞ」という声がある。「中国の横暴を許せない、中国は必ず日本に攻めてくる、台湾問題は日本の問題でもある」という理由付けで、中国と戦おうと主張する人々がいる。このような勇ましい言葉は、日中戦争の時期に盛んに叫ばれた、「暴戻支那《ぼうれいしな》を膺懲《ようちょう》す（暴支膺懲《ぼうしようちょう》）」という言葉を思い出させる。しかし、日本は、戦前に戻ってはいけない。日本は中国と戦ってはいけない。

そもそも、「中国が日本に攻めてくる」などという主張に説得力はない。少子高齢化で年寄りばかりの国で、経済も縮小し続ける日本を占領して、中国に一体どんな利益があるのか。中国からすれば、何か欲しければ、お金を払って買えば済む。日本人を奴隷化して働かせると言ってみても、腰が痛い、膝が痛い高齢者ばかりの日本人をどのように搾取すると言うのか。中国が攻めてくるぞという主張は荒唐無稽《こうとうむけい》だ。

話を米中間の戦争に戻す。果たして、米中間で直接対決する戦争が起きるか。私は起きないと考えている。なぜなら、中国は黙ってじっと待っていれば、アメリカが勝手に衰退して、覇権国の座から滑り落ちてしまうからだ。中国が「挑戦者」として、現在の世界体制を一気に変更しようと、慌てて戦争を仕掛ける必要もない。中国は少しずつ、現状を自国に有利なように変更している。そうした中で、アメリカが次々とポカをやって自滅への道を進んでいる。中国は、熟した柿が落ちてくるのを待つ、「熟柿作戦《じゅくしさくせん》」で良いということになる。

また、アメリカ軍が中国軍を簡単に叩き潰せるくらいの優位性を持っていないということも、米中間戦争が起きない理由となる。「アメリカが優位性を保っているうちに中国を叩けば、アメリカの優位性が保たれる」という、予防戦争 preemptive war《プリエンプティヴ・ウォー》 と呼ばれる考え方がある。しかし、米中間の軍事的なバランスは、そのような段階をとうに過ぎている。現状でアメリカ軍が中国人民解放軍と戦えば、大きな損失を出してしまう。アメリカがたとえ勝利を収めることができたとしても、アメリカは致命的なダメージを受ける。簡単に中国を叩き潰せるような段階はとっくに過ぎている。

中国は目立たないように、力を蓄え、アメリカに潰されないようにしながら、大国として台頭する rise《ライズ》 ことに成功した。中国は1990年代に最高指導者であった鄧小平《とうしょうへい》が示した外交の基本原理である「韜光養晦《とうこうようかい》」をしっかりと守ってきた。この言葉の意味は、「才能を隠して、内に力を蓄える」だ。中国は目立たないように、アメリカに叩き潰されないようにしながら、世界大国へとのし上がっていった。アメリカとしてはもう直接、中国に手を出すことはできない。

加えて、エマニュエル・トッドが指摘している通り、アメリカは基本的に、自分から見て圧倒的に弱い国としか戦争をしない。少しでも相手から手痛い反撃を受けると判断すれば、戦争を回避する。好戦的で、世界の警察官だということで、戦争ばかりしているイメージであるが、慎重な面もある。北朝鮮にしても、イランにしても、通常兵力なら、アメリカは簡単に打ち破ることができるが、核兵器保有の可能性があることを考慮すると、容易に手を出さない。

従って、中国から戦争を仕掛けない（慌てなくても、黙って待っていればアメリカは衰退する）、アメリカが中国に戦争を仕掛けて簡単に勝てる段階は過ぎている（中国はアメリカに致命的なダメージを与えられる）、ということと併せて考えれば、アメリカは中国と戦争をしないし、できない。「アメリカと一緒になって中国と戦うぞ」などと言っている人たちは、こうしたことをよく考えた方がいい。米中間の戦争は可能性が低い。しかし、米中対立自体はこれからも続くだろう。

米中は戦争の可能性を視野に入れて体制強化を図る

第1章で詳しく見たように、アメリカのジョー・バイデン政権が進めているのは、ハイテク分野と国防総省を結びつけて、新・軍産複合体を作り、官民協調して、技術革新を行い、中国に対して技術的優位、さらには軍事的優位を保とうという戦略である。そのために産業政策を進めている。経済政策を国家安全保障の一部と位置付けているのだ。しかし、アメリカは本質的に、長期的な計画が基礎となる産業政策に向いていない。アメリカ一国で中国に対抗し、封じ込めることはできない。アメリカはもはや単独で中国に対応できなくなっている。

そこで、インド・太平洋地域で、日本、インド、オーストラリアを巻き込む形で、QUAD、AUKUSという枠組み、軍事同盟を構築している。ただ、インドとオーストラリアはアメリカ一辺倒という訳でもない。そこで、アメリカは、NATOもインド太平洋地域に動員しようとしている。2024年からのバイデン政権2期目は、中国とロシアに対峙しながら、戦争にも対応できる体制作りを行う。

中国もまた、国家の最高指導者は「2期10年」という制限があったが、習近平はその制限を撤廃した。私は習近平が国家主席（中国共産党総書記でもある）として、内外に大きな反対の声がありながらも、3期目も続投するというニューズを見て、「これは戦争に対応できる体制を作るためだ」「習近平でなければ不安定な世界で中国の戦争準備体制を構築することはできない」と私は考えた。そのために、中国共産主義青年団の出身者たち（団派）を最高権力層から排除した。

習近平が最高指導層である中国共産党中央政治局員24名（常務委員はその中の7名）に多く登用したのは、国防・航空宇宙産業出身のテクノクラートたちで、「军（軍）工航天系」と呼ばれている（「第20回中国共産党大会：習近平は次期指導者グループの構成で大きな成功を収めようと動き出している」、ウィリー・ウー＝ラップ・ラム、チャイナ・ブリーフ、2022年8月12日）。

军（軍）工航天系として、以下のような人々の名前が挙げられている。新疆ウイグル自治区の馬興瑞党委書記は、中国航天科技公司の元総経理で、中国国家宇宙局局長を務めた。遼寧省の張国清党委書記は、中国北方工業集団公司の副社長を務めた。浙江省の袁家军党委書記は、中国航天科技公司の経営トップを務めた。山東省の李幹傑党委書記は元々は物理学者であった（「中国共産党第20回党大会：習近平は圧倒的な人事権を行使するが、経済復活の糸口は見つかっていない」、ウィリー・ウー＝ラップ・ラム、チャイナ・ブリーフ、2022年10月24日）。

中国は、国防・航空宇宙産業出身のテクノクラートたちで最高指導者層を固めている。これは、最先端技術と軍事が結びつく中で、そうした分野の専門的な知識を持ち、最先端技術に関する理解を持つ人材を登用しているということになる。習近平政権が3期目を迎える中で、国内体制を固め、国内外で起きる不測の事態に備え、最先端技術と関連産業分野をさらに発展させるという決意がここから見て取れる。

ウクライナ戦争とパレスティナ紛争が長引けば、国際情勢はアメリカと西側諸国にとって不利になる

2022年2月24日に始まったウクライナ戦争、2023年10月7日に始まったパレスティナ紛争（ハマスとイスラエルの戦い）は、アメリカにとって、資金的にも、軍事的にも、そして、国際社会における立場においても、大きな負担となってくる。アメリカの想定とは違って、ウクライナ戦争は長引き、パレスティナ紛争では、イスラエルへの支持は高まらず、それに伴い、アメリカとバイデン政権に対する非難が、国内外で高まっている。

ウクライナ戦争とパレスティナ紛争のそれぞれが停戦に到ったとしても、アメリカが受ける傷は深刻なものとなるだろう。アメリカはさらに、対中政策も実施しなければならないが、資金や人的資源において、手詰まりの状況になっている。

バイデン政権が始まった2021年は、まだ新型コロナウイルス感染拡大対策が最重要の政策だった。しかし、やがて新型コロナウイルス感染が収まりを見せ、景気回復が進む中で起きたのがウクライナ戦争だった。ロシアがウクライナ国境にロシア軍を配備する中、バイデン大統領は、2021年12月の段階で、危機感が高まるウクライナとロシアの関係に関して、「ロシアがウクライナに侵攻しても、アメリカ軍を派遣しない」と明言していた（「バイデン氏、ウクライナへの米軍派遣『検討していない』」、BBC News Japan、2021年12月9日）。これはロシアに対する明らかな「誘い水」だった。ロシアはアメリカに、ウクライナ戦争に「引き込まれた」形になった。アメリカはロシアに懲罰を与える「世界の警察官」の役割を果たすために、対ロシア経済制裁を発動し、ウクライナへの支援を開始した。

これは、1990年に起きたイラクによるクウェート侵攻と同じ構図だ。イラクによる侵攻の直前、イラク駐在アメリカ大使だったエイプリル・グラスピー April Glaspie（1

942年～、81歳）は、イラクのサダム・フセイン Saddam Husein（1937～2006年、69歳で没）大統領と会談を持った。この時、フセイン大統領は、クウェートとの間で武力紛争が起きる可能性があると述べた。それに対し、グラスピー大使は、「クウェートとの紛争のような、あなた方の（アラブ・アラブ間の）紛争について、私たち（アメリカ）は何の意見も持たない。ベーカー国務長官は、クウェート問題はアメリカとは無関係であるという、1960年代にイラクに対して最初に与えられた考えを強調するようにと指示した」と答えた。これが、イラクのクウェート侵攻決断へのゴーサインとなった。イラクはアメリカに誘い込まれて、クウェートに侵攻した。

ロシアとロシア軍としては、アメリカ軍が出てこないのであれば、ウクライナ軍単独ならば短期間でキエフを落とし、親露政権樹立までスピード感をもって達成できると踏んだ。結果は、ウクライナ軍が西側諸国、英米によって増強された武器を使い、善戦してキエフを守り切った。ロシア軍もウクライナ軍は弱体だと舐めていたこともあって戦争初期に大きな損失を被るなど、予想外の苦戦で、結局戦争は長期化することになった。

一方、戦争の長期化については西側諸国も予想外だった。西側が一致してロシアに経済制裁を科せば、ロシアは戦争が継続できなくなり、早期に撤退すると見込んでいたが、ロシアは西側以外の国々の支援を受けて、戦争継続が可能となった。ロシアと西側諸国両方に誤算があり、戦争は早期終結が不可能となり、長期化することになった。結果として、ロシアを支え切った西側以外の国々の勝利だ。

アメリカはウクライナ戦争で停戦の兆しも見出すことができず、泥沼に足を取られて動けなくなった。それに加えて、パレスティナ紛争が起きた。ハマスの奇襲攻撃から紛争は始まったが、ハマスの奇襲攻撃という言葉がまずもって理解できない言葉だ。イスラエルの情報機関モサドは世界一の情報収集能力を持っている。それに、常にテロリストグループの動向には細心の注意を払っている。そうでなければアラブ諸国に囲まれたイスラエルという国の情報機関としての存在意義などないからだ。

イスラエルは、最重要の監視対象であるハマスから「奇襲攻撃 surprise attack《サプライズ・アタック》」を受けた。そして、そのことを理由にして、ガザ地区に侵攻し、ガザ地区を半永久的に占領しようとしている。こうして、二国家共存路線を崩壊させた。アメリカが仲介したオスロ合意を無効にする行為だ。ハマスも、現在のイスラエルの右派ネタニヤフ政権も、どちらも二国家共存の破壊を望んでいた。そして、それが実現した。

アメリカにとって重要な地域（ヨーロッパと中東）における2つの紛争の長期化と深刻化は、アメリカにとって大きな負担となり、痛手ともなる。それは、最重要のターゲットである中国に集中できなくなるからだ。人的資源や資金を対中国政策に十分に投入できなくなり、中国を利することになる。さらに、これまでも見てきたように、ウクライナ戦争とパレスティナ紛争において、ウクライナとイスラエルを軍事的にかつ資金的に支え切れるのか、という問題が出てくる。

イスラエルはまだそこまでの負担にならないだろうが（ガザ地区での地上戦が激化すれば分からない）、ウクライナに関しては、武器にしても、資金にしてもアメリカの支援は限界に近付いており、アメリカ国民も嫌気がさしている。もし、ウクライナを支えきれないとなれば、アメリカの威信は大きく傷つき、「アメリカは頼りにならない」ということを内外に強く印象づけることになる。イスラエルに関しては、アメリカがイスラエルを支援すること自体が、アメリカへの反発を招くという構図になっている。

逆に言えば、中国は現在のところ、世界の不安定な状況から自ら距離を置いて、静観《せいかん》している。ウクライナ戦争とパレスティナ紛争で、一方の当事者に肩入れをするということをせず、ひたすら「停戦を行うべき」という姿勢を保つことで、アメリカは、ウクライナ戦争とパレスティナ紛争において、既に戦争当事国一歩手前の状態であり、当事者間の仲介は既に難しい状況だ。中国は仲介の機会を待ち、停戦と和平に成功すれば、国際社会での威信は大いに高まることになる。

ウクライナ戦争とパレスティナ紛争で抑制的な動きをしている中国だが国際情勢は中国有利になる

ウクライナ戦争とパレスティナ紛争において、中国は存在感を示していないが、ウクライナ戦争において、ロシアとウクライナ両国と話ができるのは、実は中国である。ロシアとの関係は言わずもがなであるが、ウクライナとの関係も良好だ。ウクライナにとって、中国は穀物の最重要の輸出先だ。1998年には、ウクライナに係留してあった、旧ソ連の空母「ワリャーグ」を中国が購入し、修理や改造を施して、「遼寧」として就役させた。中国とウクライナは親密な関係を保っている。

2023年3月には、ウクライナのヴォロディミール・ゼレンスキー大統領は、中国の習近平国家主席に対して、ウクライナ訪問を要請した（「ウクライナ大統領、習近平氏の訪問要請　ロシア侵攻巡り」、日本経済新聞、2023年3月30日）。習近平が、戦争が続いている、危険なウクライナを訪問することはあり得ない。そもそも、ゼレンスキーがまず中国を訪問するのが外交儀礼上の筋だ。

ゼレンスキー大統領による、習近平国家主席訪問要請は、ウクライナが中国による仲介を求めていることを示唆する動きだった。また、中国による停戦案について、ウクライナ側が一定の評価をしたということも報道された。このように、中国はロシア寄りの中立的な立場を堅持しながら、ウクライナ側とも話せる状態にある。ここがアメリカとは大きく違う点である。

パレスティナ紛争に関して言えば、中国はイスラエルと距離を置いているが、関係が悪い訳ではない。２０２３年6月には、イスラエルのネタニヤフ首相が、習近平国家主席から中国への招請を受けたと公表している。ネタニヤフ首相はこれまでに3度訪中している。２０２２年12月末に3度目の首相就任となったネタニヤフは、この時期までに、半年以上も訪米できておらず、「重要な同盟国の指導者としては奇妙な状態だ」という報道が出ていた。バイデン政権がネタニヤフ首相を忌避していたということがその理由であった。

そうした中で、中国側がネタニヤフに訪中を招請したのは、アメリカに対する中国の揺さぶりということもあっただろう。ネタニヤフ首相にしても、訪米が実現しない中で、訪中招請を公表することで、アメリカに揺さぶりをかけた。その後、7月になって、ネタニヤフ首相訪米が正式決定となり、その時期は秋とされた。これは、ネタニヤフ首相の揺さぶりが効いたことを示している。

ネタニヤフ首相訪米の具体的な日程が発表される前に、ハマスによる奇襲攻撃が起き、ネタニヤフ首相の訪米はなくなり、アントニー・ブリンケン国務長官、ジョー・バイデン大統領がイスラエルを訪問することで、首脳会談が実現することになった。中国は積極的にイスラエルを支援していない。ハマスを非難しない形での「停戦と和平交渉」の実現を主張している。しかし、ネタニヤフ訪中の約束は生きている。中国はイスラエル側とのチャンネルは残している。

中国は元々、パレスティナ寄りの姿勢を取っており、今回のパレスティナ紛争についても、イスラエルによるガザ地区への激しい攻撃を止めるように主張している。2023年10月18日には、王毅外相が「イスラエルの行動は自衛の範囲を超えている」と批判を行っている（「『アラブの味方』掲げ中東接近　パレスチナ擁護、関与は抑制気味――中国」、時事通信、2023年11月8日）。

このように、パレスティナ寄りの姿勢を見せながら、抑制的な動きをしていることで、

「イスラエル支援にバタバタと奔走しているアメリカ」と「弱い方に味方をしつつ、停戦を求め、泰然自若としている中国」という構図が出来上がり、アメリカへは反感、中国へは支持が集まるということになる。中国は、自分たちが有利になるように、抑制的に動いている。

アメリカはこれから同盟諸国にバック・パッシング（責任転嫁）を行う

アメリカは軍事予算とアメリカ軍の世界展開の負担に耐えられなくなっている。台頭し続ける中国に対抗し、軍事的な優位を保つために、軍事予算を増大させねばならないが、アメリカの軍事予算の対GDP比は既に約3・5%にもなっていて、軍事的優位の維持がアメリカを苦しめている。しかし、アメリカの軍事的優位が崩れれば、アメリカの覇権を維持することはできない。ここにジレンマがある。

中国という強敵に、アメリカ一国だけでは対処できない。そこで、同盟諸国に応分の負担を求めるようになっている。具体的には、同盟諸国に対して、軍事予算を各国のGDP比2%まで引き上げるように求めた（「米国防長官『国防費はGDP比2%以上に』　同盟

国に要請」、日本経済新聞、2020年9月28日)。

日本国内で急に防衛費倍増とそれに伴う増税という話が出てきたのは、アメリカからの要請による。日本の防衛費は対GDP比1%程度であるが、アメリカの求める2%にするためには、防衛費を倍増させなければならない。また、防衛費倍増の名目も、まさかアメリカの要請に従ってとは言えないので、北朝鮮や中国などの軍事力増強によって、日本を取りまく安全保障環境が悪化しているということにしている。

しかし、誰でも分かるように、アメリカが日本にも応分の負担を求めてきて、日本側がそれに応えるための防衛費増額であり、そのための増税ということになる(「防衛費『対GDP比2%』なら世界3位の軍事大国へ 増額しても『自衛隊の規模拡大はほぼ不可能』と専門家」、アエラ、2022年6月10日)。

ここで重要になるのは、ジョン・J・ミアシャイマーの提唱するバランシングとバック・パッシングという戦略の考え方だ。『大国政治の悲劇――米中は必ず衝突する! *The Tragedy of Great Power Politics*』(奥山真司訳、五月書房、2007年)の中で、次のように説明している。

バランシング balancing（直接均衡《ちょくせつきんこう》）について、ミアシャイマーは、「大国は自ら直接責任を持って、侵略的なライバルがバランス・オブ・パワーを覆そうとするのを防ぎに行く。大国の当初の目的は侵略者を抑止することだが、失敗した場合は戦争を行うはめになる」（209ページ）と述べている。台頭する国を自分で直接、抑え込み、封じ込めを行おうとすることであり、これに失敗すると戦争のリスクが高まるということだ。

アメリカについて見てみると、冷戦時代に旧ソ連を封じ込めるため、自国だけではなく、西ヨーロッパ各国をまとめて、バランシング同盟という形で、NATOを結成した。これがバランシングだ。

このバランシングに代わる戦略として、ミアシャイマーは、バック・パッシング buck-passing（責任転嫁《せきにんてんか》）という考えを提示している。buck という言葉には、お金という意味もあるが、責任という意味もある。buck-passing で、責任転嫁という意味になる。これは、「自国が脇で傍観している間に他国に侵略的な国家を抑止する重荷を背負わせ、時には他国と侵略者を直接対決させるように仕向ける」（211ページ）と定義している。アメリカは、まさにこの「責任転嫁」を行おうとしている。

現在のアメリカはこのバック・パッシング戦略を進めている。中国を封じ込めるために、同盟諸国の軍事予算増額、軍事的な関与の拡大を目指している。日本について言えば、安保法制によって、自衛隊がアメリカ軍の下請けとなって戦えるようになり、さらには、防衛予算の倍増までさせられている。周辺の安全保障環境が悪化しているということを名目にして、対中封じ込めに日本を利用しようとしている。

また、NATOのインド・太平洋地域への拡大もバック・パッシングであるし、QUADやAUKUSといった枠組みで、オーストラリアを巻き込もうとしているのもそうだ。アメリカが自分では中国と直接対峙しない、対決しないで、他国にやらせようとしている。これは、非常に危険な動きである。

短期的に見て怖いのは、直接戦争ができないアメリカが日本に代理戦争をさせること

私たちがウクライナ戦争について語る時に特徴的なことがある。それは、ロシアのウラジーミル・プーティン大統領、アメリカのジョー・バイデン大統領、中国の習近平国家主席が何を考えているか、ということばかりが語られて、実際に国土が戦場となっているウ

クライナのヴォロディミール・ゼレンスキー大統領の意向や考えなど、考慮されない。国際政治は結局のところ、大国間政治である。諸大国の意向が最優先され、国土が戦場となり、血を流して苦しんでいるウクライナ人たちの意向など見向きもされない。

日本は、ウクライナの轍《てつ》を踏んではならない。日本とウクライナの共通点は、巨大な2つの勢力の間に位置しているということだ。そして、アメリカに完全に依存し、操られていることまで一緒だ。簡単に言えば、両国は、アメリカの属国だ。私たちは、アメリカはいざとなれば、武器などの支援だけはするが、一緒に戦うことはしない、そして属国に代理戦争をさせるということを肝に銘じておかねばならない。アメリカが強力な相手と直接戦うことはない。戦わされるのは属国なのだ。

アメリカが、中国・ロシアと直接戦争ができないために国境を接する属国である日本が代理戦争《プロキシー・ウォー》をやらされる。このことを私は懸念している。アメリカが直接中国と戦えないために、まず、日本が中国と戦わされる、というバック・パッシングを、アメリカが行うことが怖い。最初に、南シナ海で、偶発的な事件が起きて、より正確に表現すれば、「起こされて」、日中間で死者が出て、そこから軍事衝突になることが怖い。アメリカは、このようなことを平気で仕組む。
アメリカは、自国では中国と直接軍事衝突を起こせない。だから、日本の自衛隊と中国の人民解放軍を衝突させる方法を画策するだろう。「日米安全保障条約があるから、日本が攻撃されたら、アメリカは一緒に戦ってくれるだろう」と考える人も多い。中国が日本の領土を攻撃するならまだしも、軍事衝突程度ではまず動かない。アメリカ軍が大きな犠牲を払って、日本と一緒に、日本のために、中国人民解放軍と戦う、などと思っていること自体が、「平和ボケ」にほかならない。「日米安保条約という立派な約束があるではないか」という考えはいざとなれば通用しない。そんな紙切れなんて知りません、ということになり、アメリカが日本と一緒に戦わなくてよいという論理構成など簡単に作られてしまう。

だから、日中は絶対に軍事衝突をしてはいけない。批判し合ったり、何かしらの経済的な措置《そち》をしたりくらいは良いだろうが、それ以上の深刻な状況にならないように、状況をコントロールすべきだ。そして、中国、ロシアとのパイプ、チャンネルはあらゆるレヴェルで確保しておくことが重要だ。自民党の二階俊博元幹事長や鈴木宗男衆議院議員は、癖が強くて、嫌われることも多い。しかし、彼らが中国やロシアと持つパイプ、人脈、チャンネルを維持しておくことは日本の国益に適うことだ。

日本は戦後世界体制において、アメリカの属国 tributary state《トリビュータリー・ステイト》 として生きてきた。この80年間をかけて、「アメリカに従っていれば大丈夫」という固定概念が植え付けられ、習《なら》い性《しょう》となっている。しかし、外を眺めてみれば、戦後世界体制は大きく揺らいでいる。歴史的な大転換を迎えようとしている。戦後世界体制80年だけではなく、西洋近代６００年の支配が終わろうとしている。

日本国民は自分自身の「属国根性」を疑い、より広い世界に目を向けて、新しい時代の変化に備えるべきだ。日本は、西洋近代成立前の、アジアの国際システムに復帰し、国内外のある程度の多様性を尊重しながら、穏やかに生きていくということができるはずだ。そのためには、「何があっても日中は戦わず」だ。

おわりに

本書の一貫したテーマは、アメリカを筆頭とする西側諸国（the West《ザ・ウエスト》）の衰退と中国を筆頭とする西側以外の国々（the Rest《ザ・レスト》）の台頭が世界に大きな変化をもたらしている、ということだ。そのことを、アメリカ国内政治と世界政治の分析を通じて描き出そうと努めた。

本書の執筆中、10月になって、アメリカ国内では、史上初の連邦下院議長解任が起き（10月3日）、国際的に見れば、ハマスによるイスラエルへの攻撃が起き、イスラエルがガザ地区に報復攻撃を開始した（10月7日）。そのため、本書の構成を一部変更せざるを得なくなったが、これらの出来事は、本書で掲げたテーマを裏付けるものだ。

アメリカ国内政治は混迷の中にある。アメリカ国内の分裂と衰退はもう隠すことができないところまで来ている。アメリカ国内では、２０２４年の大統領選挙で、高齢問題もあり、有権者から全く支持されていないバイデンが再選を果たすことになると私は見ている。

合法、非合法、あらゆる手段で、アメリカ国民の意思を捻《ね》じ曲げて、バイデン勝利とするだろう。そうしなければならない理由を、私は本書で書いた。バイデン勝利が「作り出された（creation《クリエイション》）」後に、アメリカでは、バイデンが大統領選挙で勝利した州を中心にして、アメリカ国民による大規模な抗議活動が起き、アメリカ国内の分裂はさらに深まる。

さらには、バイデン再選とそれに対する抗議運動がきっかけになって、アメリカが新たな「南北分裂」状態に陥ることも考えられる。私は、本文の中で、バイデン勝利は「アメリカ民主政治体制の死」を意味すると書いたが、さらに進んで「アメリカ合衆国の死（解体）」にまで進む可能性も高い。

バイデン政権は、分裂を避けるために、国内政策に注力しなければならなくなる。対中封じ込め政策を強化しようとしているが、国内対策に足を取られて、思い通りに物事を進められない状態になる。国内経済の先行きも不透明になる中で、アメリカは分裂と衰退に向かう。アメリカの分裂と衰退は、西側諸国全体にも悪影響を及ぼすことになる。

世界政治の構造も大きく変化している。アメリカの分裂と衰退で利益を得るのは、中国を中心とする西側以外の国々だ。ウクライナ戦争では、西側以外の国々はロシアを間接的に支え切り、ロシアは戦争初期の厳しい段階を乗り越えて、守備を重視した、負けない体制を構築し、戦争継続が可能となっている。西側諸国は、武器生産能力が限界を迎え、資金面でも、限界に来ており、全体に厭戦気分が広がっている。

西側以外の国々は、重層的な国際組織を結成し、宗教、政治体制、経済体制の面で、多様な国々が連携できるネットワークづくりを進めている。その中心がBRICS（ブリックス）であり、中国が核となっている。石油の人民元《じんみんげん》決済やドル以外の共通通貨（脱《だつ》ドル化）の話が出ているのは、アメリカの戦後支配体制の揺らぎを象徴している。中国は、アメリカとの対立激化を避けながら、アメリカの自滅を待つという姿勢だ。できるだけ労力をかけないようにしながら、慌てず急がずで、世界覇権を手にする。

西洋近代は、もちろん素晴らしい成果を収めた部分もある。西洋近代がもたらした科学《サイエンス》（学問）の発展や価値観、制度によって、人類はより快適で豊かな生活を享受することができた。その点は認めなければならない。しかし、一方で、西洋中心主義 Ethnocentrism《エスノセントリズム》によって、西洋的な価値観と制度を世界中に押し付け、結果として、西洋化することで世界を一色にまとめ上げようとしてきた。

非西洋諸国の文明化 civilization《シヴィライゼイション》 は、社会工学 social engineering《ソーシャル・エンジニアリング》 を通して行われた。

非西洋の土台の上に無理やり、西洋社会の価値観や制度が移植された。社会工学は「文明化外科手術《ぶんめいかげかしゅじゅつ》」とも呼ばれるべきもので、不自然な移植のために、制度がうまく機能しないことも起きた。それに対して、西洋諸国は、「近代化の出来ない落ちこぼれ」というレッテルを貼った。

しかし、これから、世界の「優等生」たちが力を失い、これまでの「落ちこぼれ」たちが力をつけていく。そうした時代に入っていく。西洋近代、戦後世界の終わりの始まりである。

本書の構成を友人に話したところ、「世界の今が分かるということですね」と言われて、私は少し驚いた。私としては、そのような大それた目的をもって執筆を始めた訳ではなかった。しかし、本書を通じて、読者の皆さんに、現在の世界情勢を理解するための情報や視点を提供できるとすれば、それは筆者として、何よりの喜びだ。

師である副島隆彦《そえじまたかひこ》先生には、力強い推薦文をいただきました。徳間書店学芸編集部の力石幸一氏には、本書の企画から出版までお世話になりました。記して御礼申し上げます。

2023年12月

古村治彦

古村治彦（ふるむら　はるひこ）
1974年生まれ。鹿児島県出身。早稲田大学社会科学部卒業。早稲田大学大学院社会科学研究科地球社会論専攻修士課程修了（修士・社会科学）。南カリフォルニア大学大学院政治学研究科博士課程中退（政治学修士）。現在、SNSI・副島国家戦略研究所研究員、愛知大学国際問題研究所客員研究員。著書に『アメリカ政治の秘密』『ハーヴァード大学の秘密』（共にPHP研究所）、『悪魔のサイバー戦争をバイデン政権が始める』（秀和システム）、訳書に『ビッグテック５社を解体せよ』（徳間書店）、『アメリカの真の支配者 コーク一族』（講談社）、『野望の中国近現代史』（ビジネス社）などがある。

※「古村治彦（ふるむらはるひこ）の政治情報紹介・分析ブログ」
http://suinikki.blog.jp/

バイデンを操《あやつ》る者たちがアメリカ帝国を崩壊させる

第１刷　2023年12月31日

著　者　古村治彦
発行者　小宮英行
発行所　株式会社徳間書店
〒141-8202　東京都品川区上大崎3-1-1
目黒セントラルスクエア
電話　編集(03)5403-4344／販売(049)293-5521
振替　00140-0-44392
印刷・製本　大日本印刷株式会社

乱丁・落丁はお取り替えいたします。

ISBN978-4-19-865752-9